LA FAMILLE SIRVEN, OU VOLTAIRE A CASTRES,

MÉLODRAME EN TROIS ACTES;

PAR M. FRÉDÉRIC

MUSIQUE DE M. ALEXANDRE, BALLET DE M. LEFÈVRE.

Représenté, pour la première fois, sur le Théâtre de la Gaîté, le 27 juin 1820.

PRIX : 75 centimes.

A PARIS,
CHEZ QUOY, LIBRAIRE-EDITEUR DE PIÈCES DE THÉATRE,
BOULEVARD SAINT-MARTIN, N°. 18.

DE L'IMPRIMERIE D'ANTH^e. BOUCHER,
SUCCESSEUR DE L. G. MICHAUD,
RUE DES BONS-ENFANTS, N°. 34.

1820.

PERSONNAGES.	*ACTEURS.*
M. DE VOLTAIRE.......... M.	*Marty*.
Paul SIRVEN, fermier des environs de Castres.................. M.	*Ferdinand.*
PAULINE, fille aînée de Sirven. Mlle.	*Adèle Dupuis.*
THÉRÈSE, sa seconde fille.... Mme.	*Adolphe.*
BRÉMONT, riche négociant de Castres............... M.	*Lequien.*
Adolphe de BREMONT, son neveu, connu, au 1er. acte sous le nom de JULIEN, garçon de ferme............... M.	*Grevin.*
Jacques THIBAUT, cultivateur, métayer de M. Lasalle...... M.	*Duménis.*
LASALLE, ancien conseiller au parlement de Toulouse...... M.	*Brégi.*
Mad. LASALLE, son épouse.. Mlle.	*Millot.*
TOUSSAINT, bailli du hameau de Brassac.................. M.	*Basnage.*
GERMAIN, valet de Brémont. M.	*Héret.*

Philippe, autre Valet. (Personnage muet.)
Gros-Jean, palfrenier chez Sirven.
Un valet de Brémont.
Deux domestiques de Lasalle.
Villageois et Villageoises.
Garçons et Filles de ferme.
Un brigadier et plusieurs cavaliers de maréchaussée.

La Scène est, au premier acte, à la ferme de Sirven, dans un faubourg de Castres; aux deuxième et troisième actes, au village de Brassac, à deux lieues de la ville.

La Scène se passe en 1761.

LA
FAMILLE SIRVEN.

ACTE PREMIER.

Le Théâtre représente un joli jardin occupant les trois premiers plans de la scène, et fermé dans toute sa largeur, par une grille en barreaux verts; à droite du spectateur, un petit pavillon de la ferme. Au-delà de la grille, on voit une cour de ferme bien détaillée. On remarque l'étable ouverte; il y a un toit à porc, une cahutte pour un âne, des canards et des oies se jouant sur une mare; le toit du colombier est couvert de pigeons. Un peu sur le côté, au fond, est la porte charretière qui, étant ouverte, laisse apercevoir une route élevée.

SCÈNE PREMIÈRE.

SIRVEN, ADOLPHE, sous le nom de JULIEN, Garçons et Filles de ferme.

SIRVEN.

Il est assis devant une table placée au milieu du théâtre; les Garcons et les Filles font un demi-cercle autour de lui; Sirven compte de l'argent.

Gros Jean, tiens voilà ta semaine, tâche donc que ta femme s'aperçoive, lundi, que la veille ce n'était pas dimanche, tu sais...

Il fait le signe de boire.

GROS JEAN.

Oh! il n'y a pas de risque à présent; M. Sirven, c'est fini: j'ons supprimé le dimanche.

SIRVEN.

Mathurine..... (*Elle s'avance.*) Tiens, voilà le fruit de ton travail assidu; voilà de quoi soutenir ton vieux père, lui donner des petites douceurs..... n'est-ce pas?..... hein?..... bonne fille! (*A part.*) J'ajoute toujours quelque chose à ce qui lui revient : elle en fait un si bon usage. (*Il appelle.*) Nicolas? comment, paresseux! tu n'as travaillé qu'un jour sur six!..

NICOLAS.

Dame! not' maître, c'est que j'étions las.

SIRVEN.

Et il te faut cinq jours pour te reposer?

NICOLAS.

Oh! quenque fois je n'en prenons pas tant. Vous savez ben, M. Sirven, que vous m'avez payé dix jours le mois dernier.

SIRVEN.

Tiens, voilà ce qui te revient. (*Il appelle*) Marguerite, Georges, Pierre, Claudine, tenez, tenez.

Il les paye à mesure.

TOUS.

Merci, notre maître.

SIRVEN, *se levant.*

Ah! ça, maintenant, voyons : suivant l'usage, désignez-moi, là bien franchement, celui de vous qui, ce mois-ci, a mérité le prix du travail; ce n'est pas chez nous comme à la ville, où les plus fainéants sont souvent les mieux récompensés,.. Au village, c'est le plus laborieux... Quel est-il? je m'en rapporte à vous.

TOUS.

C'est Julien!

SIRVEN.

Encore!.... il l'a déja eu le mois dernier.... c'est bien, mon garçon; depuis trois mois que tu es dans ma ferme, il faut convenir que tu te distingues : continue, et tu ne t'en repentiras pas. Je ne connais pas ta famille, parce que chez nous autres cultivateurs, on est toujours bien né quand on est honnête, bon et travailleur. Mais quels que soient tes parens, tu te conduis si bien que tu as toute mon estime, toute mon amitié, et je la donne difficilement; elle est aux braves gens, aux cœurs francs et sincères, mais aux méchants, à ceux qui trompent .... jamais!

ADOLPHE, *à part.*

A ceux qui trompent!

SIRVEN, *prenant un petit sac.*

Voilà le prix, Julien.

ADOLPHE.

Gardez, M. Sirven, un jour nous compterons ensemble. Mais à présent, je n'ai pas besoin de cet argent.

SIRVEN.

Soit, je te le conserverai. Brave garçon, chaque jour augmente mon amitié pour toi. (*Adolphe lui baise la main.*) Comme tu es ému!....

ADOLPHE, *baissant les yeux.*

J'ai cru serrer la main d'un père.

SIRVEN, *souriant*

Un père! (*Plus bas.*) Tu ne demanderais pas mieux? (*Haut.*) Ah! ça, mes amis, vous savez que je marie demain Thérèse, la plus jeune de mes filles, au propriétaire de la métairie de l'Étang, à Jacques Thibaut, ce gros réjoui qui vous amuse tant par ses naïvetés. Ma famille et moi, nous irons ce soir coucher à la ferme; vous, mes enfants, demain vous y viendrez tous; je vous invite à la noce, et nous passerons trois jours dans les fêtes, dans les danses... Un père qui marie sa fille, et qui la marie bien, c'est un avare qui assure son trésor, n'est-ce pas? Je suis cet avare-là..... Mes deux filles, c'est mon premier bien, et j'espère mourir fier et content de ma richesse. Allez, mes amis, allez... demain à la métairie de l'Étang, entendez-vous? et comme je ne veux pas que mon bonheur vous fasse tort, je paie les journées comme si l'on travaillait.

TOUS.

Merci, M. Sirven, merci.

Ils sortent gaîment. Adolphe reste.

SCENE II.

SIRVEN, ADOLPHE.

SIRVEN.

Hé bien, tu ne les suis pas, Julien?

ADOLPHE.

Si je vous gêne, M. Sirven, je vais...

SIRVEN.

Me gêner! toi, bon jeune homme!... Ah! ça, mais qu'as-tu donc aujourd'hui? tu n'es pas ordinairement si triste, si rêveur.

ADOLPHE, *à part.*

Si j'osais lui dire...

SIRVEN.

A quoi penses-tu, voyons? Un ami a droit de tout savoir... parle.

ADOLPHE, *embarrassé.*

Je pense, M. Sirven, au bonheur de mademoiselle Thérèse.

SIRVEN.

Et ce bonheur-là t'attriste.

ADOLPHE.

Pouvez-vous le croire. Mais qu'il est heureux l'homme que vous allez nommer votre fils!

SIRVEN.

Ah! c'est là ce qui te fait rêver... j'entends.

ADOLPHE.

Thibaut va épouser celle qu'il aime, et tous ses vœux seront satisfaits.

SIRVEN, *souriant.*

Toi, tu ne feras que voir celle que tu desires, et tes desirs font ton malheur.

ADOLPHE.

M. Sirven....

SIRVEN.

Allons, allons, Julien, un peu plus de confiance. J'ai remarqué que Pauline, ma fille aînée, avait fait sur toi une vive impression...

ADOLPHE.

Vous avez....

SIRVEN.

J'ai cru même m'apercevoir qu'elle te regardait parfois avec intérêt.

ADOLPHE, *vivement.*

Vous croyez, M. Sirven!

SIRVEN.

Et cela ne m'étonne pas. Tu parais bien élevé pour un homme de ta profession.

ADOLPHE.

Je n'étais pas né pour l'exercer, mais...

SIRVEN.

Les malheurs de tes parents t'ont sans doute forcé d'embrasser cet état.... n'en rougis pas, Julien..... il est plus sûr et plus honorable de compter sur son travail que sur la pitié des hommes. Mais écoute, tu as vu comme moi que Pauline, aimable, douce et bonne, est d'une mélancolie continuelle; tout l'afflige, tout l'attriste, et cette disposition d'esprit, qui m'a causé quelquefois les plus vives inquiétudes, ne fait que s'accroître chaque jour. Née avec une santé faible et délicate, Pauline fut toujours l'objet de la prédilection de sa mère; son éducation fut plus soignée que celle de sa sœur. Une tête ardente, une imagination vive et prompte à s'exalter, un esprit frappé par les dangers qui, souvent, menacèrent sa vie, ont causé cette tristesse qui lui est habituelle et que la perte d'une mère chérie n'a fait qu'augmenter encore. « Je ne suis pas née pour être heureuse, s'écrie-t-elle, » lorsque de fâcheux souvenirs se retracent à sa pensée, et cette idée cruelle, que rien ne peut détruire, empoisonne les plus doux moments de sa vie. Dans cette situation affligeante, un père peut-il se séparer de son enfant? peut-il céder à un autre le devoir sacré de lui prodiguer des consolations? Je sais que tu ferais tout au monde pour la rendre heureuse; mais tes soins ne me dispensent pas de ceux que je dois avoir. J'ai donc bien résolu de ne marier ma Pauline que lorsque je n'aurai plus rien à craindre ni pour son esprit ni pour son cœur... Si tu m'estimes comme homme, comme père, tu dois m'approuver.

ADOLPHE, *avec trouble.*

Mais M. Sirven, si vous avez cru remarquer que votre fille ait daigné jeter quelques regards sur moi... Le sentiment qu'elle éprouve ne peut-il ajouter encore à sa mélancolie?... Si l'incertitude d'une liaison qu'elle desire, peut-être, était un nouvel aliment à sa douleur!... je crois que le meilleur moyen d'adoucir ses souffrances serait...

SIRVEN.

Votre mariage !

ADOLPHE, *vivement.*

Vous le pensez comme moi ?

SIRVEN.

Cela ne se peut pas. Je ne suis pas riche... je l'étais autrefois... Un commerce honorable avait agrandi ma petite fortune ; mais un méchant homme, un cruel ennemi des Calas, pour me punir de l'intérêt que je montrais à cette famille infortunée, avec laquelle j'étais depuis long-temps en relation, m'intenta le plus injuste procès !... Mon adversaire eut de puissants appuis, et ma perte fut consommée !... La douleur conduisit mon épouse au tombeau, et je fus obligé de me retirer dans cette ferme, que je fais valoir pour élever et soutenir ma famille... Oh ! cet homme !... je ne puis y penser sans le maudire encore !

ADOLPHE, *à part, avec effroi.*

Que dit-il ?

SILVEN.

Mais laissons cela : je vais marier Thérèse ; car Pauline a refusé jusqu'à ce jour tous les partis qui se sont présentés ; je n'ai pu former une dot qu'à force d'économie ; elle emporte tout... ce n'est qu'au bout de quelques années que j'aurai amassé la seconde dot pour Pauline ; ainsi tu vois que cela est impossible.

ADOLPHE.

Impossible !

SIRVEN.

Oui, oui ; mais je te quitte... Thibault, mon gendre, doit être chez le notaire. Allons, Julien, prends patience..tu me plais, tu me conviens ; je ferai connaissance avec ta famille, et alors... au revoir, mon garçon, au revoir.

Il sort.

SCÈNE III.

ADOLPHE, *seul.*

C'est la fortune qui empêche M. Sirven de m'accorder la main de sa fille ; s'il savait qui je suis !.. s'il savait que, fils d'un des premiers négociants de Castres, je puis, grâces à l'opulence de mon père, me passer des dons qu'il veut faire à Pauline !..Peu s'en est fallu que je ne lui ouvrisse mon cœur, que je ne lui fisse un aveu !.. j'ai été retenu par ces mots terribles qui lui sont échappés. « Mon amitié est toute aux braves » gens ; je la refuse à ceux qui trompent. » Hélas ! depuis trois mois, j'abuse et ses yeux et son cœur ! Cet aveu l'irritera sans doute. Que faire ?.. Si j'étais sûr que Pauline !.. mais tel est le respect qu'elle m'inspire, que je n'ai jamais osé lui parler de mon amour, de cet amour que je lui ai voué depuis le jour où je fus assez heureux pour l'arracher au plus grand danger. Forcé de quitter ce pays par l'ordre d'un oncle sévère, je passai deux années loin d'elle !.. elle ne pense plus sans doute à son libérateur !.. elle ne m'a vu qu'un instant ; comment pourrait-elle se rappeler mes traits? Quelquefois, cependant, j'ai cru voir que ses regards s'arrêtaient sur moi avec une sorte de plaisir !.. Ah ! cet état est trop pénible. Il faut connaître mon sort. Si Pauline partage ma tendresse, je lui avouerai tout ; elle m'épargnera près de M. Sirven, une déclaration !.. oui, elle donnera du charme à cet aveu ; elle adoucira mes torts, et j'obtiendrai le droit heureux de lui consacrer ma vie !.. Mais je l'aperçois !.. Quelle pâleur ! Que porte-t-elle ? la corbeille de mariage de sa sœur ! Observons-la... elle me semble plus triste que jamais.

Il se retire à l'écart.

SCÈNE IV.

ADOLPHE, PAULINE.

Elle tient une corbeille ; elle entre d'un pas lent ; ses regards sont fixés sur ce qu'elle porte. Après avoir cherché autour d'elle, ne voyant personne, elle pousse un soupir, et vient s'asseoir près de la maison.

PAULINE.

Je croyais trouver ici Thérèse.

ADOLPHE, *à part.*

Elle cherche sa sœur.

PAULINE.

Je lui apportais sa corbeille de mariage !...... de mariage !...... Voilà donc tous ses vœux comblés ! Mon Dieu, je te remercie ! ma bonne sœur du moins ne sera pas à plaindre !.. le bonheur le plus pur deviendra le prix de ses vertus... moi seule !... ah ! mon sort est fixé, je ne serai jamais heureuse !

ADOLPHE, *à part.*

Jamais !.. Ah ! s'il dépendait de moi !......

PAULINE.

Tout le monde va se livrer à la joie !.. Thérèse, objet de tous les soins, de tous les regards, va se présenter à sa nouvelle famille, parée de ce bouquet, image fidèle de l'innocence de son ame !.. et moi !..

Machinalement elle prend le bouquet, et l'attache.

ADOLPHE, *à part, et l'observant.*

Ah ! que n'est-il pour elle !

PAULINE.

Moi !.. obligée de renfermer dans mon cœur un amour vainement combattu !...

ADOLPHE, *à part.*

Qu'entends-je !

PAULINE.

Il le faut ; mon père doit l'ignorer toujours !.. je l'ai promis à ma mère mourante ; et je tiendrai mon serment.

ADOLPHE, *à part.*

Elle aime !.. ô malheureux Adolphe !

PAULINE.

Conservons du moins ce tendre souvenir !... pardonnez-moi, mon père ;

mais ne lui devez-vous pas aussi quelque reconnaissance; il a sauvé votre fille!

ADOLPHE, *à part.*

Que dit-elle?

PAULINE.

J'aime à me rappeler son action généreuse! je crois le voir encore à l'instant où se jetant au-devant des chevaux près de nous précipiter dans les flots, il nous arracha ma mère et moi au plus affreux péril!

ADOLPHE, *à part.*

A peine je respire!

PAULINE.

Égarée, hors de moi, je n'eus pas la force de lui adresser un seul mot de remercîment.... mais la reconnaissance grava ses traits dans mon cœur; ils y resteront jusqu'à mon dernier soupir!

ADOLPHE, *à part.*

C'est moi!.... c'est moi qu'elle aime!

PAULINE.

Il s'éloigna.... et depuis ce moment je ne l'ai plus revu.... quelquefois cependant j'ai cru reconnaître ses traits.... ce Julien surtout.... Julien!... Vaine illusion!... ce n'est pas lui.... il m'a sans doute oubliée!... Ah! qu'il soit heureux, et que je sois seule à plaindre! nous ne pourrions jamais être l'un à l'autre! jamais mon père n'eût béni notre union.... jamais sa main n'eût placé sur mon front la couronne, symbole d'amour et d'innocence.

Adolphe s'est approché doucement; il a pris la couronne, et la pose sur la tête de Pauline.

PAULINE, *avec surprise.*

Grand Dieu! que faites vous?

ADOLPHE, *à ses genoux.*

Chère Pauline! bientôt l'amour va vous l'offrir.

PAULINE, *troublée.*

Julien!...

On entend des éclats de rire. Thérèse entre vivement.

PAULINE.

C'est ma sœur!

SCENE V.

Les Mêmes, THÉRÈSE.

Adolphe s'est éloigné; il a pris un râteau.

THÉRÈSE, *à la cantonnade.*

C'est bon! je vais voir si rien n'y manque dans la corbeille, parce qu'un jour de mariage.... (*Elle s'approche, et voit sa sœur, parée de ses ornements.*) Eh! bien, mon bouquet! ma couronne! Ah! ça, Pauline, qui de nous deux se marie?

PAULINE, *voulant ôter son bouquet.*

C'est toi.... pardon!

THÉRÈSE.

Oh! garde, garde encore un moment cette parure... Comment donc, mais elle ne te va pas mal du tout. Avec ce petit air troublé, ces yeux inquiets, ce cœur palpitant!... en vérité, tu as l'air d'une de ces victimes volontaires de l'hymen. Eh! bien, voilà qui intéresse au moins.... laisse-moi bien te regarder pour que je fasse comme toi. (*Elle l'imite.*) Oh! je ne pourrai jamais.... mon Dieu, que c'est difficile d'avoir l'air raisonnable! Essayons encore; ma foi j'y renonce, et mon cher mari voudra bien se passer de soupirs, de larmes et de palpitations.... je ne serai pas la seule qui se soit mariée en riant. Il faut bien qu'il y en ait de toutes les manières; d'ailleurs c'est le plus sûr de rire en se mariant; on ne sait pas si l'on rira après.

PAULINE, *après avoir tout remis dans la corbeille qu'elle lui présente.*

Ma sœur, je te rends tes parures.

THÉRÈSE.

Eh! mais, avec quel air triste tu me dis cela! Chère Pauline, mon bonheur pourrait-il t'affliger?

PAULINE.

Peux-tu le penser, ma sœur? la certitude de te voir heureuse peut seule en ce moment adoucir la douleur que j'éprouve à me séparer de toi.

THÉRÈSE.

Oh! nous ne nous quitterons pas pour cela! je veux te voir souvent, et tu viendras chez moi, ou je m'installe ici.

PAULINE.

Et ton mari, Thérèse?

THÉRÈSE.

Mon mari!... c'est vrai, je n'y pensais pas; il me répète à chaque instant qu'il ne peut vivre sans moi... Oh! mais une fois mariés, ce ne sera peut-être plus la même chose. Dans tous les cas, il faudra bien qu'il entende raison. Je te suis nécessaire; sans moi tu ne rirais jamais... et puis, j'étais trop folle, trop étourdie pour mériter ta confiance; mais quand je serai Madame Thibaut, Madame Thibaut!... sens-tu bien tout ce qu'un nom comme celui-là inspire de respect!... Plus de légèreté, plus d'inconséquence; je deviendrai ta confidente; tu me conteras tous tes petits secrets; j'essaierai d'adoucir tes peines; je ne rirai plus, je pleurerai même s'il le faut; et si je puis te voir heureuse, je n'aurai rien à regretter.

PAULINE.

Bonne sœur!

THÉRÈSE.

Ensuite, tu te marieras, tu épouseras un beau jeune homme bien tendre, bien aimable, bien spirituel. Ce n'est pas là tout-à-fait le portrait de mon prétendu; aussi a-t-il bien fait de ne pas s'adresser à toi, tu l'aurais refusé comme tous ceux qui se sont présentés, mais moi je suis moins difficile... Thibaut est un bon garçon, bien gai, bien franc; il m'adore; il vole au-devant de tous mes désirs; il cède à mes moindres caprices, c'est ce qu'il me faut, et je suis sûre que nous ferons le plus heureux couple de tout le pays, à vingt lieues à la ronde.

PAULINE.

Je l'espère, ma sœur, ton époux est le meilleur des hommes... sa famille possède toute l'estime de mon père, et cet hymen fera ton bonheur.

THÉRÈSE.

Ecoute Pauline: je crois, moi, que le tien est assuré si tu veux le confier à Julien.

PAULINE.

A Julien!

THÉRÈSE.

Il t'aime, je m'en suis aperçu... et toi même... tiens, vois donc comme il te regarde... on jurerait qu'il a quelque chose à te dire... ton trouble augmente... est-ce que tu ne serais pas fâchée de l'entendre?

PAULINE.

Thérèse!...

THÉRÈSE.

Tant mieux, ma sœur; il est fort bien, et je l'aimerais assez pour mon beau-frère... vois-donc comme il s'impatiente! en ébranchant le grand rosier, il vient d'en couper la tige. Ah! ah! ah! le pauvre garçon!... allons, allons, décidément il veut te parler... moi qui reste là... vite ma corbeille, et je te laisse... j'ai tant d'affaires aujourd'hui: des compliments à recevoir, des bouquets à prendre, des parures à essayer, un futur à faire un peu endéver, pour qu'il en contracte l'habitude... tu conviendras que je n'ai pas de temps à perdre. Au revoir, petite sœur. (*Faisant une grande révérence.*) A ce soir, M. Julien.

Elle sort en emportant la corbeille.

SCENE VI.

ADOLPHE, PAULINE.

PAULINE.

Heureux caractère! rien ne l'inquiète, rien ne l'afflige.

Elle fait quelques pas pour suivre Thérèse.

ADOLPHE.

Mademoiselle, pardonnez-moi si j'ai eu le malheur de vous offenser, mais daignez entendre ma justification.

PAULINE.

Julien, je ne sais quel motif...

ADOLPHE.

Le plus sacré pour moi, celui de contribuer à votre bonheur.

PAULINE.

Vous, Julien!...

ADOLPHE.

Ecoutez-moi, je vous en supplie. Je veux faire à vos pieds l'aveu de tous mes torts... je vous ai trompée, j'ai trompé votre respectable père; c'est afin de me rapprocher de vous, de vous voir à chaque instant du jour, que j'ai renoncé aux douceurs d'une vie opulente, pour me cacher sous les livrées de la misère. Si j'ai pu me courber sous le poids d'un travail dur et pénible, si j'ai acquis à force de zèle la confiance et l'estime de M. Sirven, si je suis parvenu à me distinguer des hommes dont je partage les travaux, c'est à vous, c'est à l'amour que vous m'aviez inspiré que j'en suis redevable.

PAULINE.

Qu'ai-je entendu?

ADOLPHE, *continuant avec chaleur.*

L'instant où je vous vis pour la première fois, décida du sort de ma vie; dès ce jour, j'aurais voulu vous la consacrer tout entière. Un parent cruel me força de quitter les lieux où vous respiriez; après deux ans d'absence, mon premier vœu, mon unique desir fut de vous retrouver; je trompai la surveillance de mon argus, et feignant de me rendre à Toulouse, je vins m'offrir à votre père pour partager les travaux de ses garçons de ferme.

PAULINE.

O ma mère! protège-moi.

ADOLPHE.

Vingt fois je voulus vous faire cet aveu, mais la crainte de vous déplaire m'en empêcha toujours. Aujourd'hui que M. Sirven a daigné encourager ma flamme, je puis tout hasarder

PAULINE.

Que dites-vous? mon père!...

ADOLPHE.

L'état de sa fortune l'oblige seul à me refuser votre main... sa fortune!.. je n'en ai pas besoin, je suis assez riche... qu'il m'accorde Pauline, et je lui devrai le bonheur de ma vie.

PAULINE, *avec effroi.*

C'est impossible... ah! je devine maintenant l'affreuse vérité!

ADOLPHE.

Pauline, j'ai lu dans votre cœur; vous pouvez repousser Julien, vous ne refuserez pas Adolphe de Brémont.

PAULINEU, *avec effroi.*

Brémont! malheureux!

ADOLPHE.

Consentez à me nommer votre époux!

PAULINE.

Non, non; cette union donnerait la mort à mon père!

ADOLPHE.

Mais votre père lui-même consent...

PAULINE.

Il ne vous connaît pas..

ADOLPHE.

Pauline, j'embrasse vos genoux!

PAULINE.

Je ne m'abaisserai point jusqu'à recourir au mensonge . . . Oui, depuis l'instant où au péril de vos jours, vous avez conservé les miens... votre image . . . oui, je vous aime, mais jamais je ne serai votre épouse.

ADOLPHE.

Jamais !...

PAULINE.

Jamais !

ADOLPHE.

Qui pourrait s'opposer...

PAULINE.

Ne m'interrogez pas . . . est-ce à moi de vous percer le cœur? Pour prix de votre généreux dévouement, faut-il?... Fuyez, fuyez! vivez heureux, et oubliez la malheureuse Pauline!

ADOLPHE.

Moi, vous quitter!

BRÉMONT, *dans la coulisse.*

J'entrerai! j'entrerai!

PAULINE.

Qui vient ici?

ADOLPHE.

Dieu! c'est mon oncle!

PAULINE.

M. de Brémont! ah!...

ADOLPHE.

Calmez-vous, Pauline; rien ne pourra nous séparer.

SCENE VII.

Les Mêmes, M. de BRÉMONT, GERMAIN, plusieurs garçons de ferme.

BRÉMONT, *repoussant les garçons qui veulent l'empêcher d'entrer.*

Laissez-moi, vous dis-je, ou la justice me fera raison!... Ah! je vous retrouve enfin, Monsieur!

ADOLPHE.

Mon oncle!...

BRÉMONT.

C'est ainsi que vous abusez de ma confiance! quand je vous crois à Toulouse, vous vous cachez en ces lieux! sous ces habits misérables!

ADOLPHE.

Mon oncle, d'honnêtes gens en sont revêtus.

BRÉMONT.

Espérez-vous que j'approuve jamais?...

PAULINE, *à part.*

O mon Dieu! si mon père!...

BRÉMONT.

Mon neveu soupirer aux pieds d'une petite villageoise!

PAULINE.

S'il a cru son choix honorable, Monsieur, il l'est encore... mais, je vous le jure, j'ignorais...

ADOLPHE.

Eh! mon oncle, où trouverais-je jamais tant de grâces et de vertus? Si vous la connaissiez...

BRÉMONT.

Tout devait vous engager à fuir l'objet de cette passion insensée! Suivez-moi, Adolphe.

ADOLPHE.

Quoi! déjà... écoutez-moi d'abord, Monsieur...

BRÉMONT.

Je ne veux rien entendre; suivez-moi.

ADOLPHE.

Consentez à voir le père de Pauline; c'est le plus respectable des hommes! il ne m'a reçu chez lui que parce qu'il ignore ma naissance.

BRÉMONT.

Mensonge!

ADOLPHE.

Il a vu mon amour, il l'approuve; il croyait m'honorer en me donnant sa fille.

BRÉMONT.

Vous honorer! un fils unique, le plus riche héritier du Languedoc.

PAULINE.

Votre neveu se trompe. Mon père croyait faire une bonne action en protégeant un pauvre garçon de ferme; il sait que la fortune seule n'honore jamais, et que souvent elle déshonore, Monsieur.

BRÉMONT.

Oh! sans doute: c'est avec ces belles paroles... Adolphe, c'est trop me résister, venez avec moi!

ADOLPHE.

Non, non!

BRÉMONT.

Tremblez! je vous fais enlever de vive force.

PAULINE.

Obéissez, Julien.

ADOLPHE.

Vous pouvez beaucoup contre moi, Monsieur; il dépend de vous de m'ôter votre amitié, de me priver de votre fortune, de me ravir ma liberté; mais me faire trahir mes serments, me faire renoncer à celle que j'adore, jamais!

SCENE VIII.

Les Précédents, SIRVEN.

SIRVEN.

Pourquoi ces cris? Qui s'est permis d'entrer chez moi?... Que vois-je? M. de Brémont!... (*Avec indignation.*) M. de Brémont dans la maison de Sirven!

PAULINE, *à part.*

Ah! voilà ce que je redoutais!

ADOLPHE, *à part*

Quelle fureur se peint dans tous ses traits.

SIRVEN, *à Brémont.*

Sortez, Monsieur!

BRÉMONT.

Que mon neveu me suive, et je sors à l'instant.

SIRVEN.

Votre neveu?

BRÉMONT, *montrant Adolphe.*

Le voilà!

SIRVEN, *avec douleur.*

Quoi!... Julien m'a trompé!

ADOLPHE.

M. Sirven....

SIRVEN.

Julien est votre neveu?... j'en suis fâché, je l'estimais.

BRÉMONT.

Et ce titre...

SIRVEN.

Le perd à mes yeux.

ADOLPHE.

Pourquoi?

SIRVEN.

Tu me le demandes?... Julien, car je veux toujours te conserver ce nom; je t'ai parlé d'un homme cruel qui abusa de l'ascendant que lui donnaient son rang et sa fortune, pour contribuer à la perte du malheureux Calas!.. Cet homme, c'est Brémont!

ADOLPHE.

Mon oncle!

SIRVEN.

J'étais depuis long-temps l'ami de cet infortuné; sa veuve se réfugia dans ma maison... Hé bien! qui vint alors poursuivre sa victime jusqu'au sein de l'asile que je lui avais offert? qui osa me proposer de violer les saintes lois de l'hospitalité? qui me persécuta pour se venger de mon refus? c'est Brémont!

ADOLPHE.

Grand Dieu! et j'ai pu ignorer...

BRÉMONT.

Monsieur !...

SIRVEN.

On m'intente un procès injuste. Des juges abusés me dépouillent de tout ce que je possédais ; accablée de ce coup affreux, mon épouse meurt entre mes bras, et l'on pousse la barbarie jusqu'à tenter de m'enlever mes enfants.

PAULINE.

O mon père !

SIRVEN.

Hé bien, ce persécuteur de l'innocence, l'auteur de ma ruine, l'assassin de mon épouse, c'est Brémont!

ADOLPHE.

Quelle horreur!

SIRVEN.

Et il ose se présenter chez moi ! y élever la voix !.. Sortez, et pensez que sous le chaume, l'ascendant de la vertu et de l'honneur se fait même sentir sur les hommes qui ont flétri leur existence en trempant leurs mains dans le sang de leurs frères ! Sortez, Monsieur, c'est l'ami de Calas qui vous l'ordonne ! Si vous résistez, levez les yeux au ciel, voyez votre victime ; elle vous dit de quitter ces lieux que vous déshonorez!

BRÉMONT, *bas à Germain.*

Remarque cette maison... bientôt il faudra...

GERMAIN.

Je vous comprends, Monsieur.

Il remonte la scène et paraît examiner le local.

SIRVEN.

Hé bien, Monsieur?

BRÉMONT, *avec hauteur.*

Vos injures, vos outrages seront connus, M. Sirven.

SIRVEN.

Je brave vos menaces. Bientôt vous serez démasqué, et déjà vous n'êtes plus à craindre. Un grand homme, l'honneur de la France, vient d'embrasser dans ses écrits la défense des victimes d'une injuste persécution ; ses plaintes ont retenti jusqu'au pied du trône, et le monarque a nommé de nouveaux juges. Ah ! le ciel secondera les efforts généreux de M. de Voltaire !

BRÉMONT.

C'en est trop !.. tant d'insultes ne peuvent se pardonner ; nous saurons avant peu quels étaient vos projets en feignant d'ignorer la naissance et le nom de mon neveu, pour séduire son cœur, égarer sa raison, et l'entraîner enfin à une alliance disproportionnée.

SIRVEN.

Moi... je romps toute liaison avec votre neveu, et j'ordonne à ma fille, à ma Pauline, de renoncer à l'espoir qu'il soit jamais son époux.

ADOLPHE.

M. Sirven, je vous en conjure !...

SIRVEN.

Je vous plains, Monsieur, mais vous devez obéir à votre oncle; vous appartenez à M. de Brémont : jamais vous ne reverrez Pauline.

ADOLPHE.

Ah! ne prononcez pas cet arrêt cruel!

BRÉMONT.

Venez, Adolphe.

SIRVEN.

Oui, et souvenez-vous bien des derniers mots de Sirven... Plutôt la mort de ma fille, que de la voir un jour unie à la famille de Brémont.

PAULINE.

Oh! mon Dieu!

BRÉMONT, *avec un sourire amer.*

Je m'en souviendrai, Monsieur. Suis-moi, Germain.

Il cherche à entraîner Adolphe; l'arrache d'auprès de Pauline et l'empêche de se jeter aux pieds de Sirven.

ADOLPHE, *s'écrie.*

Pauline, je cède à une volonté puissante; mais je te jure de n'avoir jamais d'autre épouse que toi... M. Sirven, par pitié, ne me maudissez pas!

SIRVEN.

Te maudire!... quand tu es malheureux!... Viens, viens, Julien!

Il lui ouvre ses bras; Adolphe s'y précipite.

SIRVEN, *le forçant à s'éloigner.*

Adieu! pour la dernière fois!

Brémont veut s'emparer d'Adolphe qui le repousse avec horreur, et s'éloigne précipitamment. Brémont le suit en témoignant toute sa fureur. Germain sort avec eux.

SCENE IX.

SIRVEN, PAULINE.

Pauline semble ne plus voir ni entendre. Sirven, de son côté, paraît accablé.

PAULINE, *tournant ses regards du côté par lequel Adolphe s'est éloigné.*

Il est parti!

SIRVEN.

Je l'aimais, je l'estimais, ce jeune homme. Que je le plains d'appartenir à un être aussi méprisable! (*Apercevant Pauline.*) Pauvre enfant, cette scène a déchiré son ame! elle cherche sans doute à me cacher ses larmes... Non, ce calme apparent ajouterait à ses maux.... Ma fille, tu souffres!.... viens, viens sur le cœur de ton père, et pardonne-lui le premier chagrin qu'il t'a causé de sa vie.

PAULINE, *se remettant peu à peu.*

Mon père, je ne le vois que trop, tout espoir de bonheur est perdu pour moi!

SIRVEN.

Pauline, ma tendresse n'est-elle donc plus d'aucun prix pour ton cœur?

PAULINE.

Ah! pardon! pardon!... le désespoir m'égare!... je ne le verrai plus, mon père; je ne dois plus le voir!... Cet odieux Brémont! il a causé la mort de ma mère!... mais Julien n'est point coupable!... il a sauvé mes jours, et c'est moi qui cause son malheur.

SIRVEN.

Que dis-tu, ma fille?

PAULINE.

Vous saurez tout; vous plaindrez votre pauvre Pauline.... Mais, après cette scène cruelle, il me serait impossible de prendre part à la fête qui va se célébrer pour le mariage de ma sœur.

SIRVEN.

Nous le retarderons.

PAULINE.

Pourquoi? dois-je donc affliger tout ce qui m'entoure... Non, non, mon père, partez sans moi pour la ferme de votre gendre.

SIRVEN.

Sans toi?

PAULINE.

Vous direz que demain j'irai vous rejoindre.

SIRVEN.

Je t'attendrai, ma fille; nous partirons ensemble.

PAULINE *préoccupée.*

Non... vous êtes l'ame de la fête... sans vous point de plaisir, point de bonheur! laissez-moi, ce soir, calmer... seule... l'agitation que j'éprouve, et demain... demain, je ne souffrirai plus.

SIRVEN.

Si jamais, mon enfant, le courage a été juste, nécessaire, c'est dans cette circonstance. Adolphe, entraîné par son amour, mettra tout en usage pour se rapprocher de toi; il comptera sur la tendresse que je te porte; il conservera l'espoir de me fléchir, et la moindre imprudence...

PAULINE, *vivement.*

Attirerait sur vous la vengeance de ce Brémont.

SIRVEN.

Il n'est plus qu'un moyen de nous soustraire aux dangers qui nous menacent; ma sœur a toujours eu beaucoup d'amitié pour toi; elle réside à Alby, et peut t'offrir un asile assuré. Consens à partir ce soir même.

PAULINE.

Partir!

SIRVEN.

Je disposerai tout le plus secrètement possible; tout le monde ignorera le lieu de ta retraite.

PAULINE.

Partir... ce soir!...

SIRVEN.

Seulement pour venir me trouver à Brassac... tu consens.

PAULINE.

Oui, mon père... pour vous conserver le repos, je vous ferais même, s'il le fallait, le sacrifice de ma vie.

SIRVEN.

Chère Pauline! ta tendresse, ta soumission me dédommagent de tous mes maux. Retire-toi dans ta chambre, tandis que je ferai tous mes préparatifs. Bientôt je conduirai ta sœur et Thibaut, afin de ne point éveiller de soupçons. Tu partiras d'ici à huit heures; à neuf tu seras à Brassac; tu feras arrêter la voiture près du bois de Saint-Julien; je viendrai t'y rejoindre, et je ne te quitterai qu'après t'avoir remise dans les bras de ta bonne tante.

PAULINE.

Je vous attendrai, mon père, ce soir....

SIRVEN.

Ce soir, je t'embrasserai encore comme la meilleure et la plus courageuse des femmes.

Il sort.

SCENE X.

PAULINE *seule.*

Ce soir, je recevrai ses adieux, et tout me dit qu'ils seront éternels!.... Vouée au malheur depuis l'instant de ma naissance, il n'est plus en mon pouvoir de m'y soustraire... Un seul asile peut encore m'offrir le repos... c'est auprès de ma pauvre mère.... Je le sens, ce dernier coup a brisé mon cœur, et bientôt j'aurai cessé de souffrir!. . Je vais donc encore coûter des larmes à mon père, à ma famille!... Ah! du moins ce seront les dernières que je leur ferai répandre. (*On entend du bruit, de la gaîté*) C'est ma sœur, son mari... ne troublons pas leur bonheur par ma tristesse importune. Rentrons, et attendons l'instant où je quitterai pour jamais tout ce que j'ai de plus cher au monde.

Elle rentre dans le pavillon.

SCENE XI.

THÉRÈSE, THIBAUT, Villageois.

THIBAUT, *dansant.*

Vive la joie! vive l'amour! vive le mariage! vive tout ce qui est bon, moi, ma femme et mes amis.

THÉRÈSE.

A la bonne heure; au moins, tu n'oublies personne.

THIBAUT.

Oublier!... ah! ben, oui.... T'as un bon mari, va... j'ai une tête solide, je t'en *réponds*.

THÉRÈSE.

Allons, puisque tu n'oublies rien, avant de quitter la métairie, tu as sans doute tout préparé de manière....

THIBAUT.

Ah! je crois ben... D'abord, pour ce soir, un bon souper; et puis, demain, pour la noce, un repas!.... Il n'est plus question de basse-cour chez nous. Trente pigeons ont sauté le pas... le cochon est sur le flanc; les poules sur le dos,... et les dindons! ah! tu ne te fais pas d'idée des dindons qu'il y aura à ce mariage-là! moi et tous mes amis... chacun a fourni le sien.

THÉRÈSE.

Oh! ce sera superbe!... et y aura-t-il du beau monde?

THIBAUT.

Comment! s'il y aura du beau monde!... est-ce que nous n'y serons pas?

THÉRÈSE.

Je veux dire du grand monde.

THIBAUT.

Ah! *de ce monde sérieux qui... du tout, du tout...* d'abord dans tout not' village il n'y a que celui-là qu'a acheté la seigneurie et le château de Brassac; mais il n'y viendra pas, vu qu'il n'est pas très cousin avec ton père; c'est ce M. de Brémont; tu sais bien.

THÉRÈSE.

Oh! en ce cas, tu as bien fait de ne pas l'inviter.

THIBAUT.

Ça n'empêche pas que nous aurons des gens comme il faut.

THÉRÈSE.

Qui donc?

THIBAUT.

Mes bourgeois, M. et Mme. Lasalle, dont je suis le métayer depuis plus de soixante ans, de père en fils.

THÉRÈSE.

M. Lasalle, cet ancien conseiller au parlement de Toulouse, qui est si bon, si généreux! . . . cela m'étonne. . . . il n'aime pas les fêtes, parce que, vois-tu, on dit qu'il a fait dans sa vie une fière sottise.

THIBAUT.

S'il n'en a fait qu'une à quarante ans, il est furieusement en retard en comparaison de moi. Qu'est-ce qu'il a donc fait?

THÉRÈSE.

Comment, tu ne sais pas! il était juge dans le procès de M. Calas, et il s'est récusé par excès de délicatesse... il en a bien du regret, car il nous répète souvent que s'il avait donné sa voix, ce pauvre homme n'eût peut-être pas été condamné.

THIBAUT.

Oh! dame, alors je ne m'étonne plus de sa tristesse... on doit bien souffrir quand on a à se reprocher la mort d'un innocent.

THÉRÈSE.

Aussi s'est-il démis de toutes ses places, de toutes ses charges pour se retirer dans sa maison de Brassac. Ah! ça, qui aurons-nous encore?

THIBAUT.

Tout le village et les environs, et puis mon cousin le bailli, que le maître d'école a surnommé M. Adverbe, je ne sais pas trop pourquoi. Ils disent comme ça, que c'est parce qu'il dit toujours: certainement, absolument. Le fait est qu'il parle extrêmement drôlement. Il y a quinze jours qu'il prépare un compliment impromptu; ça sera superbe à voir!

THÉRÈSE.

Mais peut-être pas à entendre. Tiens, Thibaut, je crois qu'il faudra que nous fassions bien des frais pour nous amuser le jour de notre mariage.

THIBAUT, *d'un air vainqueur.*

On les fera ces frais, Mme. Thibaut, on les fera, et on s'amusera; ou on dira pourquoi.

SCENE XII.

Les Mêmes, SIRVEN.

SIRVEN.

Ah! vous voilà prêts, mes enfants! tant mieux, tant mieux. Nous allons partir. (*Aux villageois.*) Vous voilà aussi, vous autres? Vous ne deviez venir nous joindre que demain.

THÉRÈSE.

Mon père, ils veulent nous accompagner ce soir jusqu'à une lieue de Castres.

THIBAUT.

Oui, pour nous faire un cortége de cérémonie.

SIRVEN, *regardant autour de lui avec inquiétude.*

A la bonne heure.

THIBAUT.

Qu'est-ce que vous avez donc, père Sirven? Vous semblez inquiet.

SIRVEN.

Moi, non, pas du tout. (*A part.*) J'ai cru remarquer que le valet de ce Brémont me suivait.

THÉRÈSE.

Mais comme vous avez chaud! vous avez donc bien couru?

SIRVEN.

Un peu, j'avais quelque chose à terminer, et je craignais de vous faire attendre.

THIBAUT.

Il ne fallait pas vous gêner.

SIRVEN.

A propos, j'oubliais... j'ai une excellente nouvelle à vous apprendre.

TOUS.

Qu'est-ce?

SIRVEN, *en confidence.*

Mes amis, cet homme célèbre, dont nous parlons si souvent depuis le procès de l'infortuné Calas, cet écrivain courageux qui, à Paris, à Toulouse, à Ferney, n'a cessé d'écrire pour le bonheur et la gloire du genre humain...

THÉRÈSE, *vivement.*

M. de Voltaire?

Tous les paysans ôtent leurs chapeaux.

SIRVEN.

Il est arrivé chez M. Lasalle, et il doit venir à la métairie de Thibaut.

THIBAUT, *fièrement.*

M. de Vortaire viendra chez moi! femme, me v'là *mortalisé*! il est donc bien aise de me voir, M. de Vortaire?

SIRVEN.

Il veut obtenir de moi de nouveaux renseignements sur le procès de mon malheureux ami... Oh! je les lui donnerai; il connaîtra la vérité... Eh! quelle gloire, mes amis, de trouver dans les écrits de ce grand homme, mes propres paroles!... il les mettra; il n'a jamais repoussé la franchise de la nature; il les mettra!

THIBAUT.

Beau-père, tâchez de m'y faire parler à M. de Vortaire. Je ne serai pas fâché d'avoir quelque chose de moi dans ses œuvres.

THÉRÈSE.

A quel article?

THIBAUT.

Comment! à quel article? Dame, à l'article ferme ou mariage, s'il veut, ou bien...

THÉRÈSE.

A l'article naïveté, bonhomie.

THIBAUT.

Que ne dis-tu, bêtise?

THÉRÈSE.

J'aimais mieux te le laisser dire.

THIBAUT.

Eh! bien, ça m'est égal, pourvu que j'y sois.

SIRVEN.

Allons, Thérèse, Thibaut, partons.

THÉRÈSE.

Et Pauline?

SIRVEN, *embarrassé.*

Pauline, elle ne viendra pas ce soir.

TOUS.

Ah!

SIRVEN.

Mais demain, elle en est convenue avec moi.

THÉRÈSE, *bas à son père.*

Ma sœur ne vient pas?

SIRVEN, *bas.*

Je t'en dirai le motif.

THÉRÈSE.

Allons, Thibaut, viens m'aider à tout emporter, mes habits, ma corbeille.

THIBAULT.

Et toi, et la dot, j'emporte tout, aujourd'hui. Mes amis, je vas revenir. Cueillez-vous chacun un bouquet?... Mettez sens dessus dessous le jardin du beau-père; il n'y regardera pas. Allons, allons, vive le mariage!

Il donne le bras à Thérèse, et l'emmène. Les paysans se répandent sur la scène, et cueillent des fleurs. Germain et Philippe entrent, et se mêlent parmi les villageois.

SCÈNE XIII.

SIRVEN, Garçons et Servantes de ferme; GERMAIN et PHILIPPE *couverts d'une blouse de paysan par-dessus leur livrée.*

SIRVEN, *à Pauline qui paraît à la fenêtre du pavillon.*

Pauline, ne te montre pas!... tout est disposé... ce soir... pauvre enfant... jamais séparation ne m'a causé tant de peine!

PAULINE.

Je vous reverrai, mon père, et il ne sera plus au pouvoir des hommes de m'éloigner de vous.

Elle saisit la main de Sirven, la couvre de baisers, et paraît un instant absorbée dans sa douleur.

GERMAIN *sur l'avant-scène, de l'autre côté du théâtre, dit bas à Philippe.*

Préviens André; retiens trois bons chevaux, et cette nuit même, la petite Sirven sera au pouvoir de M. Brémont.

Philippe s'éloigne; Germain se mêle parmi les paysans qui reviennent avec les bouquets qu'ils ont cueillis.

SCENE XIV.

Les Précédents, THÉRÈSE, THIBAUT.

THÉRÈSE *à* THIBAUT, *qui porte des cartons, des coffres, la corbeille de mariage, etc.*

Prends garde, Thibaut, ne va rien abîmer.

THIBAUT.

Dieu! j'en porte-t-y! j'en porte-t-y!

THÉRÈSE.

Mon père, nous voilà prêts.

SIRVEN, *en confidence*

SIRVEN.

Bien! dépêchons, mes enfants; vous avez vos bouquets; mais cela ne suffit pas. Il faudra préparer des couronnes pour M. de Voltaire. Ah! vous n'en ferez jamais autant qu'il en mérite! Partons.

TOUS.

Partons!

GERMAIN, *à part, désignant Pauline.*

Elle reste seule... nous la tenons!

Tous s'éloignent par la porte charretière et par la colline. Pauline, restée dans l'intérieur du pavillon, semble adresser à son père un éternel adieu. Un garçon ferme la grande porte, et Germain caché derrière la grille, exprime l'espoir d'être bientôt maître de Pauline.

Fin du premier acte.

ACTE II.

Le Théâtre représente un site agreste ; à gauche, l'entrée d'un petit bois ; à droite, au premier plan, une porte charretière entourée d'une haie vive, et servant d'entrée principale à la métairie de Thibaut. Au fond, la Torre, qui traverse le théâtre, et dont on voit les deux rives ; sur le bord est une grille élégante, qui conduit à la maison de Lasalle ; on y arrive par un pont qui fait face au public, et dont les balustrades en bois sont dégradées par le temps. Dans l'éloignement, un riant paysage, et des montagnes qui bordent la perspective.

SCÈNE PREMIÈRE.

BRÉMONT, CHARLES.

BRÉMONT.

Qu'osez-vous dire, Adolphe ? Quoi ! vous refusez d'obéir à votre oncle ? vous ne voulez point retourner à Toulouse ?

ADOLPHE.

Non, Monsieur ; vos menaces et vos imprécations ne m'ont que trop fait pressentir que vous voulez vous venger de Sirven, et je ne m'éloignerai point tant que la famille de celle que j'adore ne sera pas à l'abri de vos coups.

BRÉMONT.

Irrité de leur insolence, je n'ai pu d'abord maîtriser ma colère. Il est possible, qu'entraîné par l'excès de mon indignation, j'aie laissé échapper des menaces que je suis loin de vouloir effectuer... Quel homme, en effet, pourrait se contenir quand il entend porter contre lui les plus odieuses, les plus injustes accusations ?.... Vous-même, Adolphe, si mon honneur vous étoit cher, loin de le blâmer, vous partageriez mon courroux ! Mais, aveuglé par une folle passion, vous n'êtes sensible qu'au malheur d'une séparation nécessaire, et vous en croyez plutôt la haine d'un Sirven que la tendre amitié dont je vous ai donné tant de preuves.

ADOLPHE.

Je ne crois rien, Monsieur. Long-temps éloigné de ces lieux, le bruit public m'a seul instruit des événements de Toulouse ; j'aime à penser que vous n'y avez pris aucune part, j'aime à me persuader que vos droits contre Sirven étaient fondés...

BRÉMONT.

La justice les a reconnus.

ADOLPHE.

Mais ce Sirven que vous accablez de vos mépris, est le plus noble, le plus respectable des hommes; je l'ai vu dans l'intérieur de sa maison, au milieu de sa famille et de ses serviteurs; je connais sa droiture, sa bonté; je partage les sentiments d'amour, de vénération qu'il inspire à tous ceux qui l'approchent, et quelle que soit maintenant sa rigueur envers moi, je n'oublierai jamais le bien qu'il a voulu me faire! Riche, je ne dédaignerai point celui qui m'a recueilli lorsqu'il me croyait pauvre; et quand je n'aimerais pas Pauline de toutes les forces de mon ame, je voudrais devenir son époux afin de réparer le mal que vous avez fait à son père.

BRÉMONT.

Et vous flattez-vous que je consente jamais?...

ADOLPHE.

Vous êtes maître de votre fortune, Monsieur; je le suis de mes actions.

BRÉMONT.

Je le serai toujours de m'opposer au déshonneur de ma famille.

ADOLPHE.

Le déshonneur ne peut m'atteindre!

BRÉMONT, *avec force.*

Cette union ne s'accomplira pas... la haine de Sirven me rassure!... il en a fait le serment; il sera inflexible, et ses refus, en ajoutant à votre humiliation, me vengeront de vos emportements. Retournez au château; je ne tarderai pas à vous y joindre, et vous connaîtrez mes dernières résolutions.

ADOLPHE.

La mienne est de défendre, de protéger Pauline; c'est ici que j'eus le bonheur de lui sauver la vie; c'est ici que je fais le serment d'assurer son repos.

Il sort par le pont. Sur la fin de cette scène, Germain a paru au fond du théâtre; il s'est caché en apercevant Adolphe, et semble guetter l'instant de son départ.

SCENE II.

BRÉMONT, ensuite GERMAIN.

BRÉMONT.

J'avais prévu sa détermination; raison de plus pour se hâter!... et Germain...

GERMAIN.

Me voilà, Monsieur, j'ai couru vous chercher au château; je suis revenu ici, et je n'ai pas osé me présenter à vous devant M. Adolphe.

BRÉMONT.

Tu as bien fait. Quelques mots qui, sans doute, me sont échappés imprudemment, ont éveillé ses soupçons; j'ai tout à craindre de sa résistance : mais si Pauline est en mon pouvoir...

GERMAIN.

Elle y sera, Monsieur, et cette nuit même.

BRÉMONT.

Cette nuit!

GERMAIN.

D'après vos ordres, j'ai tout observé. Le père sortait, je l'ai suivi; il a retenu une chaise de poste; à huit heures, elle doit se trouver à la porte de sa ferme. Avec un louis d'or, j'ai gagné le postillon; c'est un ennemi de moins en cas de combat.

BRÉMONT.

Mais cette chaise de poste, à qui est-elle destinée?

BRÉMONT.

A la jeune personne, sans doute, car M. Sirven est arrivé à la ferme avec sa fille Thérèse et son gendre. D'ailleurs, pour ne rien risquer, j'ai laissé Philippe en observation; j'ai fait retenir des chevaux par André, et je suis accouru pour recevoir vos dernières instructions.

BRÉMONT.

Bien! je suis content de toi. Tout nous favorise... Sirven croit me prévenir; il veut éloigner Pauline et me cacher le lieu de sa retraite; il me fournit le moyen de m'emparer d'elle sans avoir à redouter aucun soupçon. Adolphe sera séparé de celle qu'il aime, et quoi qu'il arrive, c'est Sirven seulement qu'on aura le droit d'en accuser! Retourne à ton poste, épie l'instant favorable, et fais en sorte qu'elle ne puisse m'échapper... Tu la conduiras à l'abbaye de Trénolle : là, grâces à ma recommandation, elle trouvera contre les poursuites de mon neveu un asile plus sûr que celui qu'avait choisi son père. (*Lui jetant une bourse.*) Tiens, voilà pour exciter ton zèle et payer ton silence.

On entend une musique gaie.

GERMAIN.

Ce sont les gens de la noce...

BRÉMONT.

Pars; rejoins Pauline, moi, je rentre au château, et je vais donner des ordres pour que mon neveu n'en puisse sortir aujourd'hui.

Germain s'éloigne rapidement.

SCENE III.

BRÉMONT, TOUSSAINT.

TOUSSAINT, *sortant de l'enclos.*

J'entends le son des instruments... Ce sont eux, bien certainement. (*Apercevant Brémont qui s'éloigne.*) Monseigneur... je vous salue très humblement... Daigneriez-vous honorer de votre présence une union qui...

BRÉMONT.

M. le Bailli, ce mariage ne convenait point à votre parent. Je voulais du bien à Thibaut, et je suis fâché qu'il me force à changer d'intention à son égard.

Il s'éloigne.

TOUSSAINT, *pendant la sortie de Brémont.*

Et je suis fâché... Il m'a parlé bien durement !.. je crois même qu'il m'a regardé méchamment... Heureusement, nous pouvons nous passer de son consentement.

SCENE IV.

TOUSSAINT, THIBAUT, THÉRÈSE, SIRVEN, Villageois, Garçons, et Filles de ferme.

Les villageois, garçons et filles de ferme arrivent par le bas, le long de la rivière; ils ont à leur tête des ménétriers qui jouent un air Languedocien : au même instant, Sirven, Thérèse et Thibaut sortent de la métairie.

THIBAUT

Ah ! vous v'là donc arrivés, vous autres...à la bonne heure. Vite, qu'on donne un coup à boire aux musiciens, ça ne peut pas leur faire de peine, et ils l'ont ben gagné !..Vrai !,. leurs airs sont charmants... le dernier surtout !.. je l'ai entendu de l'autre bout du jardin, et j'en dansais de plaisir !.. Ah ! Dieu !.. un air comme ça !... c'est capable de réveiller un homme qui n'aurait pas dormi depuis quinze jours.

THÉRÈSE.

Mon cher mari, je l'apprendrai pour vous le chanter quand vous dormirez.

THIBAUT.

Madame Thibaut, vous ne le chanterez jamais assez souvent.

THERÈSE.

C'est donc à dire que vous dormirez toujours ?..

THIBAUT.

Ah ! par exemple ! quelle supposition !.. dormir toujours !... Je le voudrais, que je ne le pourrais pas.

THÉRÈSE.

Qu'avez-vous, mon père ? comme vous me paraissez triste, aujourd'hui !

SIRVEN.

Triste !.. comment pourrais-je l'être ? je te vois heureuse.

THIBAUT, *frappant sur l'épaule de Toussaint.*

Eh bien ! et vous aussi, cousin ? vous avez l'air tout...

TOUSSAINT.

Nullement... je réfléchissais sur le courroux que vient de me témoigner M. de Brémont...

SIRVEN.

Brémont !..

TOUSSAINT.

Le rencontrant ici, je l'invitai très poliment...

THÉRÈSE.

A notre noce ?

TOUSSAINT.

Il refusa absolument.

THIBAUT.

Il a bien fait, certainement.

TOUSSAINT.

Chut ! ne parlez pas si haut... c'est le seigneur du village.

THIBAUT.

Le seigneur ! le seigneur !.. il n'y a pas de doute qu'il l'est puisqu'il a acheté la place ; mais qu'il soit content ou non de notre mariage, qu'est-ce que ça nous fait ? je ne dépends pas de lui. M. Lasalle m'approuve ; il m'a permis de donner la fête là, en face de sa maison, et voilà tout ce qu'il me faut.

TOUSSAINT.

M. Lasalle est un excellent homme ; mais il n'est pas seigneur positivement.

THÉRÈSE.

C'est juste, il n'a qu'une petite maison, tandis que M. de Brémont a un château.

THIBAUT.

Ça n'empêche pas qu'il n'y a plus de malheureux dans le pays, depuis qu'il l'habite... et que le vrai seigneur d'un village, c'est celui-là qui y fait le plus de bien.

TOUSSAINT.

C'est penser judicieusement, mais...

THIBAUT.

Mais, mais, mais, toujours des mais ! je vas voir au souper ; vous autres, préparez tout pour la danse. Vous savez ce que j'ai promis à l'occasion de mon mariage ; fête la veille, fête le jour, et ce qui est bien plus fort, fête le lendemain.

THÉRÈSE.

Allons, courage, Thibaut ! à t'entendre, ce sera tous les jours fête.

THIBAUT.

Laisse donc ! les autres, ça ne sera que pour nous.

SIRVEN.

Sait-on si M. de Voltaire est arrivé ?

TOUSSAINT.

Ah ! mon Dieu ! vous m'y faites penser !.. il est arrivé certainement ; il est chez M. Lasalle, et il viendra nous voir très prochainement.

TOUS.

Tant mieux !

TOUSSAINT, *à l'entrée de l'enclos.*

Eh ! les autres ! apportez mes inscriptions, et placez-les symétriquement.

Plusieurs paysans sortent de l'enclos, et apportent des houlettes garnies de fleurs, au bout desquelles sont des inscriptions entourées de guirlandes ; ils les placent où le bailli le leur indique, en ayant grand soin de les montrer d'abord par derrière, afin que le public ne les voye qu'au moment nécessaire.

TOUSSAINT.

J'ai réuni dans ces inscriptions toutes les pièces, tous les chefs-d'œuvre de M. de Voltaire; ne vous étonnez pas s'il y a des trophées si abondamment.

SIRVEN.

Vous n'en pouvez trop faire, M. le Bailli. Les défenseurs de l'humanité, les soutiens du pauvre, les protecteurs de l'innocence, on ne saurait trop les honorer!

THIBAUT.

Comment! cousin, toutes les œuvres de M. de Voltaire sont là-dessus?

TOUSSAINT.

Toutes!.. pas absolument; mais celles qui sont venues à ma connaissance, et je puis me flatter...

THIBAUT.

Ah! vous les connaissez donc? Hein! Thérèse, que c'est heureux d'être savant comme ça!

THÉRÈSE.

Savant? lui! à chaque fête du château ou du village, il fait toujours quelque bévue, et il dit précisément le contraire de ce qu'il faut dire...

THIBAUT.

Bah! je voudrais déjà y être, pour voir ce qu'il va dire à M. de Voltaire...

THÉRÈSE.

Il lui dira quelques bêtises.. Eh bien! ça nous amusera et M. de Voltaire aussi.

THIBAUT.

C'est ça, ça sera plus farce.

SIRVEN, *regardant Thérèse et Thibaut.*

Ces chers enfants! ils s'aiment... ils vont être unis; ils seront heureux, tandis que Pauline!.. Ah! pourquoi suis-je contraint de m'opposer à son bonheur?

On entend au fond du Théâtre des cris de

VIVE M. DE VOLTAIRE!

TOUS.

M. de Voltaire!

THIBAUT.

Voilà M. de Voltaire!.. Donne-moi le bras, Thérèse que je nous présente à lui.

TOUSSAINT, *de son côté.*

Voilà M. de Voltaire!.. en place, vous autres, et soyez prêts à mon premier signal... vite, sur deux rangs, avec alignement, et chapeau bas simultanément.

SCENE V.

Les Précédents, VOLTAIRE, LASALLE, Mad. LASALLE, Domestiques, Paysans.

Voltaire et Lasalle traversent le pont.

SIRVEN.

Mes amis, nous sommes de pauvres gens : voilà notre père!

Les ménétriers jouent l'air : Où peut-on être mieux, etc. Les villageois agitent leurs chapeaux.

VOLTAIRE, *riant.*

Oh! oh! on me reçoit ici comme un maître de château!

Mad. LASALLE.

Non, Monsieur, comme un ami.

VOLTAIRE.

Ce n'est pas toujours la même chose... mon cher Lasalle, il ne me manquerait plus que le petit discours du Bailli.

TOUSSAINT, *s'avançant.*

Il est fait, M. de Voltaire.

VOLTAIRE.

Oui, mais il n'est pas prononcé.

TOUSSAINT.

Je vais...

VOLTAIRE.

Non, non : veuillez, si cela vous est égal, me le donner par écrit... j'en goûterai mieux les louanges... tout seul, on a moins de modestie; j'en apprécierai mieux l'esprit; la lecture rend un jugement plus solide... enfin, je vous éviterai une peine que je ne mérite pas.

TOUSSAINT.

Vous me priez vainement. (*Avec beaucoup d'emphase.*) Illustre Voltaire !...

VOLTAIRE.

Illustre! Mais si vous commencez ainsi, comment finirez-vous ?

SIRVEN.

Par immortel !

VOLTAIRE, *secouant la tête.*

Hein!... je voudrais bien finir comme cela.

LASALLE.

La postérité exaucera votre vœu.

TOUSSAINT, *avec importance*

Illustre Voltaire! le Bailli de ce Village, ignorant...

VOLTAIRE, *riant.*

Ah! ah! Bailli, je ne vous demande pas de ces aveux-là.

TOUSSAINT, *continuant.*

Ignorant de quelle manière il pouvait vous recevoir honorablement, a eu l'idée de faire servir les fleurs de nos campagnes à entourer les célèbres chefs-d'œuvre sortis de votre imagination féconde, incomparablement... fameux auteur du Cid !... (*A un villageois.*) Tournez l'inscription. (*Le villageois la tourne, on voit écrit :* à l'AUTEUR DU CID !)

VOLTAIRE.

Fameux auteur du Cid !... Continuez, Bailli ; celui-là, vous ne pouvez trop le louer.

LASALLE.

Ce Bailli est un singulier homme !

Mad. LASALLE.

Laissons le dire.

SIRVEN, *bas au Bailli.*

Mais, M. Toussaint...

TOUSSAINT.

Laissez donc... Tendre père d'Iphigénie !.. (*A un villageois.*) Tournez l'inscription. (*Même jeu.*)

On voit sur l'inscription : AU PÈRE D'IPHIGÉNIE !

VOLTAIRE.

Tendre... Ajoutez, M. le Bailli, aimable, éloquent, sensible et sublime !

TOUSSAINT, *à part.*

Hum ! je croyais M. de Voltaire plus modeste.

SIRVEN, *bas à Toussaint.*

Mais, Bailli, vous ignorez...

TOUSSAINT.

Ne me troublez donc pas... Joyeux peintre du Misantrhope et du Tartufe !...

VOLTAIRE.

Saluez tous, mes amis ; c'est un homme admirable ! (*Les paysans saluent de son côté.*) Non, non, c'est là que doivent s'adresser vos hommages ; je vais moi-même vous en donner l'exemple.

TOUSSAINT, *à part.*

Comme il se loue, comme il se salue immodestement.

THÉRÈSE, *riant.*

Il est bien votre discours.

TOUSSAINT.

Oh ! vous n'y êtes pas ; il finit encore mieux que cela. (*Élevant la voix.*) Quand par votre génie...

VOLTAIRE.

Assez, M. le Bailli, après ces grands hommes, qui pourriez-vous louer dignement ? Corneille, auteur du Cid...

TOUSSAINT.

Corneille !

VOLTAIRE.

Racine, père d'Iphigénie....

TOUSSAINT.

Racine !

VOLTAIRE.

Enfin Molière, ami de la nature, peintre habile du Tartufe et du Misantrhope...

TOUSSAINT.

Ah ! mon Dieu !...

—

VOLTAIRE.

Méritent tous vos éloges, Bailli, comme ils ont ceux de la postérité.

TOUSSAINT, *à part.*

Que va-t-il penser de mon érudition ?

VOLTAIRE.

Remettez-vous. Songez qu'on ne peut mieux fêter un fils, qu'en faisant devant lui l'éloge de ses pères, quelque loin qu'il soit de ses rares modèles.

TOUSSAINT.

Pardon, M. de Voltaire!... ma mémoire... vous êtes arrivé si subitement... si j'avais été prévenu douze ou quinze jours à l'avance... mais je crois qu'il est inutile présentement...

VOLTAIRE.

Oui, oui, donnez-moi votre harangue; c'est un hommage du cœur à des maîtres en esprit; je ne l'oublierai pas. Sirven, j'ai beaucoup de plaisir à vous revoir... Lasalle m'a dit que vous mariez vos enfants... je me félicite de pouvoir quelques instants partager votre bonheur.

SIRVEN.

M. de Voltaire, je conserverai toute ma vie le souvenir de cette journée... permettez que je vous présente ma fille.

LASALLE.

Et moi je vous demande votre estime pour ce brave garçon qui, demain, sera l'époux de la gentille Thérèse; il est depuis long-temps attaché à ma maison; c'est un très honnête homme.

VOLTAIRE.

Il est digne alors d'être le fils de Sirven.

THIBAUT.

M. de Voltaire, si j'osais... si je ne craignais pas de vous offenser... je vous demanderais...

VOLTAIRE.

Quoi! mon ami?

THIBAUT.

Cette main qui a écrit de si belles choses, à ce que tout le monde dit.

VOLTAIRE.

N'est-ce que cela?... donne-moi la tienne.

THIBAUT, *baisant la main de Voltaire.*

Ah! mon Dieu! il m'a semblé que je tenais la main... la main du ciel, quoi!

VOLTAIRE, *arrêtant Thérèse qui s'est emparée de son autre main.*

Un moment, mon enfant. Une jolie fille ne peut plus recevoir de prix de moi; mais elle veut bien quelquefois m'en donner.

Il l'embrasse au front.

THÉRÈSE.

Oh! que je suis contente!

THIBAUT.

Je crois ben! d'être embrassée par un grand homme! ne t'y accoutumes pas, car, avec moi, ça ne sera pas la même chose.

LASALLE, *à Voltaire.*

Mon ami, si vous laissiez ces bonnes gens se livrer à la joie que leur cause votre présence?

Mad. LASALLE, *bas.*

Je vois dans leurs regards qu'ils sont impatients de se montrer plus adroits et plus spirituels que leur Bailli.

VOLTAIRE, *bas.*

Ce ne sera pas difficile. (*Haut*) Allons, allons, vous aviez disposé une fête; je ne veux nulle part, et surtout au village, troubler d'innocents plaisirs. Commencez.

THIBAUT.

Ah! quel bonheur! je ne me serais jamais douté que la veille de ma noce en serait le plus beau jour.

SIRVEN, *consultant sa montre.*

Que les heures s'écoulent lentement!... à peine si Pauline a déjà quitté la ferme.

THÉRÈSE.

Allons, allons, dansez.

BALLET.

Voltaire, Lasalle, Sirven, Thibaut, Toussaint et Thérèse se placent sur des siéges qui leur ont été offerts par les domestiques de la ferme de Thibaut. On exécute des danses languedociennes. A la fin, au milieu d'une touffe de lauriers apportée par les danseurs, et qui s'entr'ouvre à un signal donné, on aperçoit le buste de Voltaire couronné de lauriers. Voltaire veut s'éloigner.

TOUSSAINT.

Je ne m'attendais pas à cette surprise, assurément.

THÉRÈSE.

Vous avez eu votre tour, nous avons le nôtre.

THIBAUT.

Et sans mépriser votre discours, cousin, ça le vaut bien. Pardon, Mad. Lasalle, c'est votre busque que nous avons pris.

VOLTAIRE.

Du moins, mes amis, ôtez la couronne; tant de gens se la font donner aujourd'hui, qu'on remarque davantage ceux qui n'en ont pas.

THÉRÈSE.

M. de Voltaire, je sais ce qu'il vous faut.

Elle ôte la couronne de lauriers, et la remplace par une couronne de roses.

VOLTAIRE.

Une couronne de roses!... je la préfère... cette fleur invite au plaisir, et les lauriers n'excitent que l'envie.

THIBAUT.

Vous êtes donc content, M. de Voltaire?

VOLTAIRE.

Il faudrait que je fusse bien exigeant pour ne pas me contenter d'un hommage complet (*tirant sa montre*); il a duré un bon quart-d'heure.

LASALLE.

C'est comme un éloge de l'académie.

VOLTAIRE.

La différence, mon cher Lasalle, c'est que j'y ai pris du plaisir, et le plaisir n'est pas précisément le revenu des académiciens. Mais, Sirven, je vous croyais une famille plus nombreuse; n'avez-vous que mademoiselle?

SIRVEN.

Pardonnez-moi, M. de Voltaire, j'ai deux enfants.

THÉRÈSE.

J'ai une sœur, M. de Voltaire.

VOLTAIRE.

Et dans un jour si mémorable pour votre famille, pourquoi ne la vois-je point auprès de vous?

SIRVEN.

Vous le saurez, Monsieur, je vous dirai tout, j'aurai besoin de vos conseils, et peut-être de votre protection.

VOLTAIRE.

Parlez, Sirven... J'ai peu de crédit; les muses conduisent rarement au pouvoir; mais, quand je trouve l'occasion d'obliger, je consulte plutôt mon desir que mes forces.

THÉRÈSE.

Eh bien, M. de Voltaire, ma sœur...

SIRVEN.

Ma fille, ce n'est pas le moment... Thibaut, la nuit approche; il serait temps, je crois....

THIBAUT.

C'est dit, M. Sirven, nous allons rentrer à la maison. Je te laisse, femme. (*Plus bas.*) La conversation va être sensible, peut-être, et ce n'est pas mon fort que la sensibilité. Allons, allons, vous autres... Bailli, ouvrez la marche.

Mad. LASALLE.

Mes amis, c'est chez moi qu'il faut vous rendre; c'est là qu'on doit signer le contrat des deux époux; et, d'après mes ordres, on y a préparé un banquet auquel, j'espère, vous ferez honneur.

SIRVEN.

Madame, tant de bontés....

THIBAUT.

Allons, il n'y a pas à barguiguer; quand notre maîtresse a dit quelque chose, il faut que ça se fasse; ainsi laissons-là notre souper, et allons nous distinguer à celui de madame Lasalle. (*Aux garçons de la ferme*) Ne vous laissez manquer de rien, vous autres, puisque vous restez pour garder la maison.

VOLTAIRE, *à Lasalle.*

Je vous rejoins dans un moment.

THIBAUT.

Thérèse, ne sois pas trop long-temps. Suivez-moi, vous autres, et morbleu! soyons ici comme à Paris, où l'on dit que, quand un homme se marie, tous ses amis sont aussi heureux que lui. Allons, allons, vive la joie.

Ils traversent le pont, et entrent en dansant chez M. Lasalle; celui-ci s'éloigne avec eux. Le jour commence à baisser.

SCENE VI.

THÉRÈSE, VOLTAIRE, SIRVEN.

VOLTAIRE.

Nous voilà seuls; nous pouvons maintenant causer tout à notre aise. Voyons, ma chère enfant, vous me disiez que votre sœur....

THÉRÈSE.

Ma sœur est bien à plaindre; elle est d'une tristesse, d'une mélancolie dont rien ne peut la distraire... Nous espérions que l'attachement secret qu'elle avait pour un jeune homme qui travaillait dans notre ferme, dissiperait enfin le chagrin qui la dévore...

VOLTAIRE.

Eh bien?

SIRVEN.

Pauline a été trompée par les apparences; ce jeune homme n'était point un garçon de ferme, mais le fils d'un riche négociant; en un mot, le neveu de M. de Brémont.

VOLTAIRE.

De Brémont! je connais cet homme. N'a-t-il pas figuré parmi les ennemis de Calas?

SIRVEN, *avec indignation.*

Il en était un des plus acharnés.

THÉRÈSE.

C'est ce qui fait que mon père a ordonné à Pauline de rompre cette liaison qu'il n'approuverait jamais; et (*en pleurant*) ma sœur, accablée de douleur, n'a pu même assister à ma noce.

VOLTAIRE.

Sirven, les fautes sont personnelles, et le fils vertueux ne doit pas être frappé de la réprobation qui accable son père; mon ami, la tolérance est un principe sacré! malheur à l'homme irritable ou aveuglé qui ne cède pas à sa voix généreuse! il commence par une faute, il poursuit par un crime, et finit par des remords.

SIRVEN.

M. de Voltaire, le jeune Adolphe m'a trompé en s'introduisant chez moi, sous un déguisement coupable.

VOLTAIRE.

A-t-il abusé de l'erreur dans laquelle il vous mettait pour égarer le cœur de votre fille!

SIRVEN.

Non.

VOLTAIRE.

Eh! bien, il y a dans cette action plutôt un dévouement de l'amour qu'une preuve d'inconduite! . . . Allons, Sirven, pour pardonner les erreurs de la jeunesse, n'oublions pas que nous avons été jeunes nous-mêmes; cherchons dans nos souvenirs, descendons dans le fond de notre cœur, et ne soyons point sourds aux accents de cette voix secrète qui

cœur, et ne soyons point sourds

nous dit d'avoir pour nos enfants l'indulgence que nos pères ont eue pour nous.

THÉRÈSE, *bas à Voltaire.*

Ah ! Monsieur ! que d'obligation !

SIRVEN.

M. de Voltaire, il m'en coûte de vous refuser; mais il n'est plus temps: Pauline a quitté ma maison.

THÉRÈSE.

Pauline!

VOLTAIRE.

Quoi ! votre fille !...

SIRVEN.

Prévoyant qu'Adolphe entreprendrait tout pour se rapprocher d'elle, je lui ai trouvé un asile sûr, impénétrable, où elle doit rester jusqu'à ce que je puisse sans danger la rappeler auprès de moi. Je suis même obligé de vous quitter pour terminer quelques dispositions...

THÉRÈSE.

Ma pauvre sœur!

VOLTAIRE.

Sirven, tant de sévérité !...

SIRVEN.

Rassurez-vous ; Pauline consent... et comment aurait-elle pu s'y refuser ?... Comment aurai-je hésité moi-même à prendre ce parti ?... Brémont n'a-t-il pas eu l'audace de m'accuser d'avoir favorisé le déguisement de son neveu, dans l'espoir d'enrichir ma fille !... Moi, acheter la fortune à ce prix! moi, soupçonné!... M. de Voltaire, je suis trop fier pour oublier de tels outrages !

VOLTAIRE, *avec chaleur.*

Soyons fiers, c'est bien... la noblesse du cœur est toujours respectable; mais que l'orgueil ne nous coûte jamais le bonheur de nos enfants.

SIRVEN.

Songez donc que ce Brémont fut un des assassins du malheureux Calas !

VOLTAIRE.

Mon ami, des victimes nouvelles n'appaisent point les mânes de celle qui a péri!... Calas est mort en pardonnant, faisons comme lui: pardonnons à ses persécuteurs... Je verrai ce Brémont.

SIRVEN.

Vous?

THÉRÈSE.

O le meilleur des hommes !

VOLTAIRE.

Faites revenir secrètement votre fille; la maison de Lasalle peut lui offrir un asile inviolable... seulement, ayez soin de ne l'y conduire que lorsque la noce se sera retirée; par ce moyen, personne ne pourra soupçonner qu'elle est si près de vous... surtout ne laissez concevoir à Pauline aucune espérance. Je ne suis pas sûr de réussir, et il serait trop affreux pour elle de n'entrevoir un instant le bonheur que pour le perdre à jamais.

SIRVEN.

Ah ! M. de Voltaire ! vous triomphez de toutes mes résolutions !...je remets mon sort entre vos mains, et je me soumets aveuglément à tout ce que vous daignez me prescrire. Je rejoins ma Pauline.

VOLTAIRE, *à Thérèse.*

Où habite ce Brémont ?

THÉRÈSE.

Là-bas, Monsieur, dans ce grand château que vous voyez au bout de cette avenue.

VOLTAIRE.

J'y vais.

THÉRÈSE.

Ah ! Monsieur de Voltaire, vous sauverez ma pauvre sœur !

VOLTAIRE.

Je l'espère !

SIRVEN.

Et l'on médit de vous !

THÉRÈSE.

Et l'on vous calomnie !

VOLTAIRE.

Je résiste aux méchants ; je pardonne aux sots, et j'accable les ennemis de l'humanité. J'ai affaire à forte partie... mais le ciel m'a doué d'un courage que le nombre n'effraie pas... et comme ce héros justement célèbre, je ne compte jamais ceux que je combats.

Sirven s'éloigne rapidement par la droite, en suivant le rivage. Thérèse va entrer chez M. Lasalle, mais apercevant Brémont, elle revient dire à Voltaire.

THÉRÈSE.

Vous n'irez pas bien loin ; voici M. de Brémont ; il vient de ce côté.

VOLTAIRE.

Bien, laissez-moi.

THÉRÈSE.

Je vous laisse, M. de Voltaire, je vous laisse. O mon Dieu ! mon Dieu ! que je suis contente !

Elle sort par le pont, et rentre chez Lasalle.

SCENE VII.

BREMONT, VOLTAIRE.

BRÉMONT, *sans voir Voltaire.*

L'inquiétude où je suis ne me permet pas de rester un moment en place... Cette Pauline sera-t-elle en mon pouvoir ? Germain réussira-t-il ?... Je brûle de savoir !... (*A part, apercevant Voltaire.*) Quel est cet homme ? Il semble m'observer !

VOLTAIRE, *s'avançant.*

Je suis charmé de vous rencontrer, Monsieur, car je me rendais à votre château.

BRÉMONT.

A mon château! pour quel objet?

VOLTAIRE.

Vous êtes bien M. de Brémont?

BRÉMONT.

Moi-même... mais vous, Monsieur, j'ignore...

VOLTAIRE.

Je suis l'ami de Sirven.

BRÉMONT, *avec ironie.*

Je vous en félicite.

VOLTAIRE.

Vous êtes divisés . . . . . je ne veux point examiner ici qui de vous eut les premiers torts; mais la haine qui subsiste entre vous, plonge dans la douleur deux êtres intéressants, et il est de votre devoir d'y mettre un terme.

BRÉMONT.

Monsieur, se flatte-t-il de m'apprendre quels sont mes devoirs?

VOLTAIRE, *souriant.*

Monsieur, je l'ai appris à bien d'autres.

BRÉMONT, *sèchement.*

Si tel est le but de votre visite, je suis forcé de vous avouer qu'elle est inutile.

Il veut s'en aller.

VOLTAIRE, *le retenant.*

Vous refusez?

BRÉMONT.

Absolument. Jamais d'union entre moi et Sirven! vous ignorez tous les reproches que je suis en droit de lui faire. N'a-t-il pas dit hautement que j'avais contribué à la perte de Calas!

VOLTAIRE.

Il ne l'a pas dit seul; je puis vous l'assurer.

BRÉMONT.

N'a-t-il pas, pour me perdre dans l'opinion publique, donné des notes, des renseignements à Voltaire!

VOLTAIRE, *avec ironie.*

A Voltaire!... (*Avec calme.*) Mais si Voltaire lui a demandé la vérité, a-t-il pu la lui refuser?

BRÉMONT, *avec emportement.*

Oh! la vérité!...

VOLTAIRE, *d'un ton ferme.*

Oui, Monsieur; il l'a dite tout entière; mais il n'a dit que cela, et l'usage que Voltaire en a fait ne peut que les honorer tous deux.

BRÉMONT.

Je vous conseille de le défendre... un poète s'occuper d'un procès!

VOLTAIRE, *avec chaleur.*

Et qui donc éclairera les hommes pour prévenir de nouvelles erreurs? Qui donc défendra l'innocence, si les écrivains jouissant de quelque célébrité, négligent de remplir un devoir si sacré? Ah! sans doute, malheur au libelliste, au vil pamphlétaire qui prêche le trouble et la discorde, qui se fait une arme de la calomnie, qui excite à la désobéissance, au mépris de toute autorité! De tels êtres ne doivent recueillir pour prix de leur bassesse, que la haine des nations! Mais l'écrivain courageux qui défend les droits de l'opprimé, en apprenant à respecter les lois; qui instruit les hommes, en leur montrant ce qu'ils doivent à leur prince et à leur patrie; dont les écrits font aimer la vertu, et détester le crime; celui-là, ne fut-il qu'un poète, peut élever la voix; nul reproche ne saurait l'atteindre, et la reconnaisance de ses concitoyens doit le conduire à l'immortalité!

BRÉMONT.

Cette chaleur!...

VOLTAIRE.

Ne doit pas vous surprendre. Je suis ce Voltaire dont vous blâmez la conduite.

BRÉMONT.

Vous!...

VOLTAIRE.

Oui, j'ai écrit en faveur des Calas... J'écrirai tant que je trouverai une injustice à combattre, ou un malheureux à sauver.

BRÉMONT.

Pardon, Monsieur... j'étais loin de m'attendre... si j'avais su...

VOLTAIRE.

Vous ne m'auriez pas parlé ainsi, n'est-ce pas? je le crois. Vous convenez de vos torts, je dois avouer les miens; je me suis emporté. Diable d'amour propre d'auteur!.. c'est un mal incurable...Enfin, monsieur de Brémont, nous pouvons maintenant nous expliquer avec franchise: voulez-vous faire le malheur de votre neveu? voulez-vous condamner l'innocente Pauline à des larmes éternelles? Songez qu'un mot de vous va décider de son sort.

BREMONT.

Avec tout autre que M. de Voltaire, un refus formel eût été ma seule réponse; cependant la démarche que vous faites doit triompher de ma répugnance; seulement, j'y mettrai une condition.

VOLTAIRE, *avec mécontentement.*

Une condition!... quelle est-elle?

BREMONT.

Sirven a plus d'une fois attaqué ma réputation: qu'il se rétracte... (*Mouvement de Voltaire.*) Que le passé soit totalement oublié... que lui et ses amis cessent toute démarche en faveur de Calas... et je...

VOLTAIRE.

N'achevez pas!... et c'est à moi que vous osez faire une semblable proposition!... Quoi! j'abandonnerais une famille infortunée à laquelle j'ai offert un appui!... je laisserais peser l'infamie sur elle quand j'ai juré de lui rendre l'honneur. Non, non! ma vie même fut-elle menacée je ne la sauverais point par une telle lâcheté!.. Je vous connais maintenant, monsieur de Brémont, et je rougis d'avoir pu croire un seul instant à votre repentir. Vous avez raison; point de rapprochement entre vous et Sirven! vous êtes indigne de l'estime d'un honnête homme!

BREMONT.

Monsieur!

VOLTAIRE.

C'est assez!... je vous ai trop écouté. Mais tremblez, car la vérité sera connue!

Brémont sort en menaçant. La nuit devient sombre.

SCENE VIII.

VOLTAIRE, ensuite THIBAUT.

VOLTAIRE.

Et il existe de tels hommes!... Quelle honte! quel malheur pour l'humanité!

THIBAUT.

Eh! bien, M. de Voltaire, vous êtes tout seul, à cette heure-ci, tout le monde est fièrement en train là-dedans, allez... c'est une joie, une gaîté, que votre présence va augmenter encore.

VOLTAIRE.

Et Sirven y est-il?

THIBAUT.

O mon Dieu non, je le croyais avec vous.

VOLTAIRE, *à part.*

Malheureux père!... il va ramener sa fille, et je ne puis plus rien pour elle!

THIBAUT.

Est-ce que vous ne savez pas où il est allé?

VOLTAIRE.

Il va revenir... il m'a dit que.... (*à part.*) Ah! la colère où ce maudit homme m'a mis!....

THIBAUT, *à part.*

Comme il est vif pour un homme de cet âge là!... ce que c'est que l'esprit!... moi, je suis d'une tranquillité...

VOLTAIRE.

Allons, rentrons.

THIBAUT.

Vous, oui, mais pas moi.. Il faut que j'aille jusqu'au village. J'ai oublié de prendre l'heure de la cérémonie pour demain. Ah! dame, un jour de mariage, on ne peut pas penser à tout.

SCÈNE IX.

Les Mêmes, ADOLPHE. *Il est couvert d'un manteau, et arrive au premier plan à gauche.*

ADOLPHE, *à voix basse.*

Quelqu'un!... ne nous montrons pas!

THIBAUT.

Si vous voulez, cependant, je vas vous conduire.

VOLTAIRE.

C'est inutile, mon ami; va à tes affaires, et envoie-moi Sirven aussitôt que tu le verras.

Il s'éloigne par le pont.

THIBAUT.

Ça suffit, M. de... prenez garde... la barrière n'est pas trop en bon état... là... c'est çà... le v'là arrivé... A présent dépêchons-nous pour revenir tout de suite.

Il sort par le bord de l'eau, à gauche.

SCENE X.

ADOLPHE *seul.*

Ils se sont éloignés... Pauline doit être à la métairie de Thibaut... Le mariage de sa sœur!... Oui, elle aura suivi son père... raison de plus pour ne point quitter ces lieux!... car je n'en puis douter, M. de Brémont médite quelque nouveau complot!... Il redoutait ma présence; et, par ses ordres, j'étais prisonnier dans mon appartement; mais un valet que j'ai gagné m'a procuré les moyens de sortir du château, et couvert de ce manteau, j'ai pu, sans être reconnu, m'approcher de cette maison qui renferme tout ce que j'aime. Ne souffrons pas que ma Pauline, que son père soient victimes d'une haine injuste!... Les liens du sang ne sont plus rien pour moi!.... La sûreté, le bonheur de Pauline sont menacés; je les défendrai jusqu'à la mort!... Quel bruit!... A la faible clarté que la lune répand sur ce rivage, je crois distinguer... c'est elle! c'est Pauline! son père l'accompagne . . . . . . Ne nous montrons pas; ma présence alarmerait Sirven, et je ne pourrais me justifier qu'en accusant mon oncle. Retirons-nous.

Il se cache dans le taillis.

SCENE XI.

ADOLPHE *caché*, SIRVEN, PAULINE. *Elle porte un voile relevé sur son front.*

SIRVEN.

Du courage, ma chère Pauline... nous touchons au terme de notre course... Allons, du courage.

PAULINE.

J'en aurai, mon père; mais je suis bien faible.. et je... je... ah!

SIRVEN.

Pauline!...

PAULINE.

Rassurez-vous, mon père... ce n'est rien... je me sens déjà mieux. (*Promenant ses regards autour d'elle*) Où sommes-nous?

Comment! tu ne reconnais pas?

PAULINE, *avec une vive émotion.*

Ah! pardonnez-moi!... Oui, oui, voilà le lieu où Adolphe sauva mes jours!

ADOLPHE, *à part.*

Chère Pauline!

SIRVEN.

Voici l'habitation de Thibaut, la maison de M. Lasalle... C'est là, ma Pauline, c'est chez cet homme généreux que tu vas trouver un asile.

PAULINE.

Un asile!... si près d'Adolphe!... Vous savez bien, mon père, que je ne dois plus le revoir.

ADOLPHE, *à part.*

Que dit-elle?

SIRVEN.

Hélas!

PAULINE.

Non, je ne dois plus le revoir, mais je puis toujours y penser... Il m'a sauvé la vie!... Et ma mère! ma mère!... Oh! combien de fois elle a déploré cette haine fatale!... Elle prévoyait tous les malheurs qui m'ont accablée!... Vous pleurez, mon père!... Ah! pardon, pardon!...

SIRVEN *l'embrassant.*

Chère enfant!... mon cœur est déchiré.

ADOLPHE, *à part.*

O Brémont! que vous êtes coupable!

SIRVEN.

Que ne puis-je, aux dépens de ma propre existence, assurer ton bonheur!... Viens, entrons chez M. Lasalle.

PAULINE.

J'obéis, mon père.

ADOLPHE.

Chez M. Lasalle! elle y sera du moins à l'abri des persécutions.

Sirven et Pauline s'avancent vers le pont. On entend des chants de joie, des éclats de rire partir de la maison de Lasalle.

SIRVEN.

Attends!...

PAULINE.

Là, les plaisirs, la joie!... Ici... Ah! du moins ma sœur est heureuse.

SIRVEN.

Ils y sont encore!... tu ne peux paraître à leurs regards... Comment faire? Entrons chez Thibaut; là nous attendrons un moment favorable. Viens, Pauline.

PAULINE.

Sans moi, mon père, vous partageriez la joie de Thérèse... Ah! je suis née pour causer le malheur de tout ce qui m'est cher.

SIRVEN.

Ne t'abandonne point à ces tristes réflexions. Viens.

ADOLPHE, *à part.*

Je n'ose me présenter à eux... je crains d'irriter Sirven.

SIRVEN.

(*Il s'approche de l'entrée de la ferme*) Partout des obstacles! les garçons de Thibaut sont réunis sous le vieux châtaignier.... Impossible d'entrer sans être vus; et cependant il est bien important que personne ne t'aperçoive.

PAULINE.

Oh! oui, mon père, bien important! Adolphe saurait que je suis ici, et le courroux de M. de Brémont...

SIRVEN.

Nous n'avons qu'un moyen de l'éviter.... Suis le sentier qui borde cette haie, il te conduira sous les murs du jardin de Thibaut; moi, je vais entrer seul à la ferme, j'irai t'ouvrir la petite porte du verger, et je pourrai t'introduire dans la maison sans que personne en soit instruit.

PAULINE

Vous avez raison, ce moyen est sûr; hâtons-nous de l'exécuter. C'est bien ce sentier qu'il faut prendre.

SIRVEN.

Oui, ma fille, oui.

PAULINE.

Allez vite, mon père, je vous rejoins.

Sirven entre à la métairie.

SCENE XII.

ADOLPHE, PAULINE.

ADOLPHE, *à part.*

La voilà seule!

PAULINE, *s'arrêtant après avoir remonté la scène.*

Oui, c'est là!... rives chéries, où je vis Adolphe pour la première fois, où le premier soupir d'amour s'échappa de mon sein! je n'espérais plus vous revoir... je croyais mourir loin de vous!... Ah! si quelquefois Adolphe vient vous parcourir, dites-lui bien de ne m'oublier jamais.

Elle va s'éloigner.

ADOLPHE, *qui a remonté la scène, tombant aux pieds de Pauline.*

Jamais, chère Pauline!

PAULINE.

Adolphe!... vous ici!...

Dans ce moment, on voit paraître au fond Germain, Philippe et André; ils désignent Pauline, traversent le pont avec précaution, et se cachent sous les saules qui ombragent le bord de l'eau.

SCENE XIII.

ADOLPHE, PAULINE, GERMAIN, PHILIPPE ET ANDRÉ, *au fond du théâtre.*

ADOLPHE.

O ma Pauline! c'est en vain qu'on veut nous séparer!... Je vous cher-

cherai partout pour désavouer, aux pieds de M. Sirven, et les injures et le mépris de Brémont.

PAULINE.

Laissez-moi, Adolphe, mon père m'a défendu de vous voir.

ADOLPHE.

Nous parviendrons à le fléchir; je lui dirai : rang, fortune, j'ai tout sacrifié pour Pauline : qu'elle soit ma récompense, et que votre bonté me dédommage des cruautés d'un indigne parent.

PAULINE.

Jamais nous ne serons unis!

ADOLPHE.

Jamais!

PAULINE.

Laissez-moi vous quitter; mon père m'attend.

ADOLPHE.

Pauline!... ah! du moins, dis-moi que tu me conserveras ton cœur, et que ton amour sera le prix de ma constance!

PAULINE, *avec ame.*

Oui, je t'aimerai jusqu'au dernier instant de ma vie! mais, par pitié, n'expose pas mon père; fuis, fuis!...

GERMAIN, *à part.*

Qui donc est près d'elle?

On entend dans l'éloignement Sirven appeler d'une voix étouffée.

Pauline!...

PAULINE.

Il m'appelle!... Grand Dieu! s'il t'apercevait! Adieu!

ADOLPHE.

Pauline!

PAULINE, *dans le plus grand trouble.*

Adieu!... c'est pour toujours!

Elle s'éloigne rapidement par le sentier.

SCENE XIV.

ADOLPHE, d'abord seul, ensuite, PAULINE, GERMAIN, PHILIPPE et ANDRÉ.

ADOLPHE.

Pour toujours!... Non, non, cela ne sera pas! mon amour pour elle triomphera de tous les obstacles! et malgré les rigueurs de mon oncle, je saurai.... (*Tumulte, bruit confus.*) Qu'entends-je? Le bruit semble venir de ce côté... et c'est par-là que Pauline...

PAULINE, *dans l'éloignement.*

Au secours!... mon père!... mon père!...

ADOLPHE.

C'est elle!... Ah! courons!...

Il se précipite sur les pas de Pauline; soudain, un coup de feu parti du sentier, vient l'atteindre; il jette un cri et tombe devant l'entrée de la métairie.

PAULINE, *entrant en désordre.*

Grand Dieu!... Adolphe! ils l'ont assassiné!

GERMAIN, *qui les poursuivait.*

Adolphe!... serait-il possible!

PAULINE.

Ah! c'est trop de malheurs! (*A Germain et à Philippe qui s'approchent pour la saisir.*) Ah! scélérats! ne m'approchez pas!... Mon père! au secours!... (*Elle cherche à leur échapper; parvient au pont, s'approche de l'endroit où la barrière est brisée, et s'écrie :* O ma mère! reçois ta fille!...

Elle s'élance dans les flots et disparaît; son voile reste dans les mains de Germain, qui accourait pour la saisir.

GERMAIN.

Qu'avons-nous fait?... On vient... sauvons-nous!...

Il jette le voile dans la rivière, et tous trois se sauvent par l'avenue du château. Adolphe, resté sans connaissance, n'a rien vu de ce qui s'est passé.

SCENE XV.

ADOLPHE, VOLTAIRE, LASALLE, THÉRÈSE, Domestiques, Paysans, etc.

Voltaire, Lasalle et Thérèse sortent de la maison du fond, précédés des domestiques qui portent des flambeaux, et suivis des gens de la noce.

VOLTAIRE, *en entrant.*

Des cris! un coup de feu!

LASALLE, *apercevant Adolphe.*

Grand Dieu! un homme assassiné!

TOUS.

Est-il possible?

VOLTAIRE.

Vite, des secours!.. nous pourrons peut-être encore le sauver.

On s'empresse autour d'Adolphe.

THÉRÈSE.

Hé! mon Dieu! c'est le neveu de M. de Brémont.

VOLTAIRE.

De Brémont!

ADOLPHE, *tandis qu'on panse son bras.*

Ah! ne perdez pas un instant; volez au secours de Pauline.

TOUS.

De Pauline!

SCENE XVI.

Les Mêmes, SIRVEN.

SIRVEN, *accourant pâle, effrayé.*

Mes amis... Pauline... avez-vous vu ma fille? Je l'attendais... je ne la vois plus.

ADOLPHE.

Ah! M. Sirven, des scélérats! j'ai voulu la défendre; mais un coup de feu... les forces m'ont manqué... et j'ignore...

SIRVEN.

Qui donc a pu commettre un pareil crime?

ADOLPHE, *avec fureur.*

Qui? celui dont les horribles menaces retentissent encore à mon oreille!..... l'ennemi de votre famille, le mien, puisqu'il m'a ravi Pauline!

SIRVEN.

Ah! c'est Brémont!

TOUS.

Brémont!

VOLTAIRE.

Infâme scélérat! Rendons-nous à l'instant même chez lui... Venez, Sirven...Vous, mes amis, parcourez la campagne, et revenez promptement nous instruire de tout ce que vous aurez appris.

SIRVEN.

Ah! courons, courons sauver ma fille.

Des cris de douleur se font entendre dans l'éloignement.

VOLTAIRE.

Quels sont ces cris?

SIRVEN.

Serait-elle délivrée?

Le bruit redouble.

SCENE XVII.

Les Mêmes, THIBAUT.

THIBAUT, *accourant.*

Restez, mon père, restez; vous arriveriez trop tard!

TOUS.

Trop tard!

SIRVEN.

Thibaut que veux-tu dire?

THIBAUT.

Ah! mon Dieu! faut-il que ce soit moi qui vous apprenne un malheur comme celui-là!

VOLTAIRE et SIRVEN.

Mais parle donc!

THÉRÈSE et ADOLPHE.

Explique-toi!

THIBAUT.

Votre pauvre fille!... on vient de la retirer de la rivière!

TOUS.

Grand Dieu!

THIBAUT.

On s'est empressé de la secourir; mais malgré tous les soins....

SIRVEN, *avec un cri déchirant.*

Ah! j'ai perdu ma fille!

Il tombe accablé dans les bras de Thérèse.

THÉRÈSE.

Ma pauvre sœur!

ADOLPHE.

O désespoir!

SIRVEN.

Thibaut, conduis-moi près d'elle.

THIBAUT, *bas à Voltaire.*

Retenez-le, M. de Voltaire.

VOLTAIRE.

Mon ami, si elle n'est plus...

SIRVEN, *tombant dans les bras de Thérèse.*

Malheureux que je suis!

LASSALLE, *bas à Voltaire.*

Peut-être est-il encore quelqu'espoir.... Je vais moi-même.... Venez, mes amis, venez; nous la tranporterons chez moi.

La salle sort vivement; quelques paysans les suivent.

SCENE XVIII.

VOLTAIRE, SIRVEN, THÉRÈSE, THIBAUT, Domestiques, Paysans, etc.

SIRVEN, *au désespoir.*

Pourquoi m'empêcher de suivre leurs pas? Voulez-vous me priver du triste plaisir d'embrasser ma fille pour la dernière fois?

VOLTAIRE.

Mon ami!...

THÉRÈSE.

Mon père!... cette vue vous donnerait la mort!

SIRVEN.

Chère enfant, m'es-tu donc ravie pour jamais?

VOLTAIRE.

Malheureux père !... Ah! puisse-t-on convaincre l'auteur de ce crime épouvantable!... puisse le meurtrier!...

THIBAUT, *apercevant Brémont.*

M. de Brémont!

SIRVEN, *avec violence.*

Brémont !

SCÈNE XIX.

Les Précédents, BRÉMONT.

BRÉMONT, *en entrant.*

Instruit de ce malheur, j'accours...

SIRVEN, *avec fureur.*

Misérable, voilà encore une de tes victimes!

BRÉMONT.

Monsieur !

SIRVEN.

Et tu oses reparaître à mes yeux !... et tu ne crains pas la vengeance du ciel!

BRÉMONT, *à part.*

Toi seul as tout à craindre.

THÉRÈSE, *désignant le fond, et cachant sa figure.*

Ah! ma sœur!

Le cri de Thérèse attire l'attention générale. On voit Pauline pâle, inanimée et les cheveux flottants, portée sur un lit de feuillages par quatre villageois. Lasalle et Adolphe sont près d'elle; plusieurs femmes l'entourent en pleurant. A cette vue, Brémont, par un mouvement involontaire, recule et cache sa figure dans ses mains. Madame Lasalle est sur le seuil de sa maison.

SIRVEN.

Ma fille !... ô mort ! viens donc me frapper aussi!

THÉRÈSE, *à ses genoux.*

Mon père !

VOLTAIRE, *à Brémont.*

Malheureux ! tu frémis à la vue de cette jeune infortunée ! Puisse son ombre vengeresse s'attacher à toi, et te poursuivre jusqu'au dernier jour de ta vie!

Brémont reste accablé, les paysans le montrent avec horreur.

La toile tombe sur ce tableau.

Fin du second acte.

ACTE III.

Le Théâtre représente une salle élégante donnant sur un beau jardin ; au fond, une balustrade garnie de fleurs, le sépare de la campagne ; au-delà de la balustrade, une petite colline garnie d'arbres, et dans l'éloignement, une riante perspective.

Portes à droite et à gauche. Dans la salle, une table, quelques fauteuils, etc.

SCENE PREMIERE.

THIBAUT, Domestiques, Villageois et Villageoises, *paraissant écouter à la porte de l'appartement à droite, et attendre avec impatience et intérêt.*

THIBAUT.

La voilà enfin passée cette malheureuse nuit !... je n'en ai jamais vu une triste, une si terrible !... Pauvre père Sirven, pauvre Pauline !...: personne ne vient... c'est sûrement bon signe... tout le monde s'empresse autour d'elle... Quand je suis sorti, on avait déjà un peu d'espérance, et si l'on n'en avait plus, M. et Mad. Lasalle ne laisseraient pas dans cet appartement M. Sirven et ma bonne Thérèse... Ah ! si on pouvait la sauver, quel bonheur ! La porte s'ouvre... c'est M. Lasalle.

SCENE II.

Les Mêmes, LASALLE *sortant de la chambre de droite.* Ensuite ADOLPHE ; *il a le bras gauche en écharpe.*

LASALLE, *à tout le monde qui semble l'interroger avec impatience.*

Je vous remercie, mes amis, de l'intérêt que vous avez pris au malheur de M. Sirven. Rassurez-vous, et rendez grâces avec moi à la Providence ; elle a daigné bénir nos efforts, et conserver une fille à son père.

Mouvement de joie de tous les paysans.

THIBAUT.

Est-il ben possible, M. Lasalle ?... Quoi ! Mlle. Pauline...

LASALLE.

On répond de ses jours.

ADOLPHE, *qui a entendu les derniers mots de Lasalle.*

De ses jours!... est-il vrai?... Parlez, parlez, Monsieur... Pauline m'est-elle rendue?

LASALLE.

Oui, grâces à la promptitude des secours qui lui ont été prodigués. Après une nuit passée dans l'inquiétude et la douleur, le ciel comble enfin tous les vœux de Sirven, et sa fille revient à la vie pour essuyer ses larmes et le consoler de ses peines.

ADOLPHE.

Ah! Monsieur, de quel poids vous soulagez mon cœur!... si vous saviez!... des monstres!... Dieu juste! tu n'arraches Pauline à la mort que pour conserver l'honneur et la vie de son père!

LASALLE.

Que dites-vous?

ADOLPHE, *l'amenant sur l'avant-scène, et baissant la voix.*

Apprenez qu'une horrible accusation pèse en ce moment sur la tête du malheureux Sirven!... Ses ennemis ont agi; ils ont recueilli des faits; ils rappellent toutes les actions de Sirven qui ont précédé ce déplorable événement; ils en tirent des inductions, des preuves... et déjà la rumeur publique charge cet homme respectable d'un crime dont l'idée seule fait horreur!

LASALLE.

Grand Dieu!... n'est-ce donc pas assez d'une victime!

ADOLPHE.

Ses ennemis sont puissants; ils s'agitent; ils intriguent... bientôt, peut-être, Sirven sera privé de sa liberté, et une fois en leur pouvoir, rien ne le sauvera. J'ai vu la joie briller dans les regards de ses persécuteurs... Se croyant certains de la mort de Pauline, ils calculent sur la douleur d'un père; ils ne songent à ce qu'il a perdu que pour tenter de lui ravir plus encore!... enfin, c'est au nom d'une fille infortunée, qu'ils apprêtent déjà le supplice de Sirven!

LASALLE.

Leurs odieux calculs seront trompés; Pauline existe, et nous connaîtrons bientôt les véritables causes de cet affreux événement. M. de Voltaire est parti cette nuit pour Castres; j'attends son retour; jusque-là, mon ami, que rien ne transpire: que Sirven ignore... Ah! j'aime à me persuader qu'il n'y a plus de danger pour lui!... Pauline lui est rendue, Pauline nommera les coupables, et justifiera son père!

ADOLPHE.

Il ne fallait pas moins pour le sauver!... Et moi! moi, qui dois tant à Sirven, j'ai la honte d'appartenir au plus cruel de ses persécuteurs!... non!... Sirven m'a nommé son fils; je le défendrai comme s'il était mon père!

THIBAUT, *qui était resté au fond de la scène avec les paysans.*

Voilà Mme. Lasalle.

SCENE III.

Les Mêmes, Mme. LASALLE ; *elle paraît triste, abattue.*

ADOLPHE.

Qu'avez-vous, Madame ? Cette tristesse qui se peint dans tous vos traits...

LASALLE.

Pourrions-nous craindre encore ?...

MADAME LASALLE.

On assure que Pauline est hors de tout danger.

ADOLPHE, *avec joie.*

Je respire !

MADAME LASALLE.

Et cependant je ne suis pas sans inquiétude.

LASALLE.

Pourquoi ?

Mad. LASALLE.

Depuis qu'elle est revenue à la vie, j'ai remarqué dans ses yeux une sorte d'égarement qui m'effraie. Pas un mot n'est encore sorti de sa bouche ; son regard est fixe, ses traits immobiles : elle semble ne reconnaître personne de tous ceux qui l'entourent... Ah ! je crains bien...

ADOLPHE.

Vous me glacez d'effroi !

LASALLE.

Il n'est pas étonnant que la secousse violente qu'elle a éprouvée ait affaibli ses organes, mais cela ne peut être dangereux.

Mad. LASALLE, *avec un soupir.*

Je le desire.

ADOLPHE.

Tout serait perdu ; elle seule peut justifier Sirven.

Mad. LASALLE.

Le justifier !

LASALLE.

Il faut la distraire de ces noires pensées qui l'accablent, et bientôt...

Mad. LASALLE.

On va la conduire dans cette salle... peut-être l'air, la vue de ces jardins... (*Aux paysans.*) Mes amis, éloignez-vous un moment.. la surprise de se voir entourée par tant de monde pourrait lui nuire dans l'état de faiblesse où elle se trouve encore.

THIBAUT.

C'est juste, madame Lasalle, nous nous en allons. Elle est sauvée ! elle va venir ! Ah ! j'en suis d'une joie !... Vite un fauteuil !

LASALLE.

Thibaut, je vous recommande à tous la plus grande discrétion ; pas un mot sur les événements de cette nuit, sur l'état de Pauline... j'ai les plus fortes raisons pour exiger que ce soit ainsi. Il nous importe que l'on croie qu'elle n'est plus.

THIBAUT.

Ça suffit, Monsieur; elle est sauvée!... c'est tout ce que je voulais, moi! Eh ben! nous nous contenterons de nous réjouir entre nous.

LASALLE *à sa femme.*

Et Sirven a-t-il fait la même remarque que toi?

Mad. LASALLE.

Non, tout entier au plaisir de retrouver sa fille, il ne soupçonne même pas ce nouveau malheur.

LASALLE.

La voici!

ADOLPHE.

Chère Pauline! Ah! s'il était vrai...

LASALLE.

Contraignez-vous, Adolphe.

SCENE IV.

LASALLE, Mad. LASALLE, ADOLPHE, SIRVEN, PAULINE, THÉRÈSE.

On amène Pauline; elle paraît faible, et ne marche qu'à l'aide de son père et de sa sœur qui la soutiennent; elle est telle que madame Lasalle vient de la dépeindre, pâle, inanimée, le regard fixe, et les traits immobiles. Thibaut et les paysans qui étaient curieux de la revoir, sont sortis lentement à l'instant même où elle entrait en scène. On approche le fauteuil, on l'y place, tout le monde l'entoure. Elle promène ses regards autour d'elle, et semble ne rien voir, ne rien entendre.

THÉRÈSE.

Ma bonne sœur, comment te trouves-tu maintenant?

Moment de silence. Pauline a fait un léger mouvement en entendant parler sa sœur, mais elle retombe aussitôt dans son apathie.

SIRVEN,

Chère enfant, dis un mot, un seul mot qui console et rassure ton père.

Même mouvement de Pauline; mais beaucoup plus fort, ses yeux s'animent un instant.

LASALLE.

Pauline, répondez-nous.

Elle regarde Lasalle.

Mad. LASALLE.

Voyez auprès de vous tous les objets que vous chérissez!... (*Elle regarde Madame Lasalle et suit des yeux tous les objets qu'elle lui désigne.*) Votre père... votre sœur... Adolphe...

PAULINE, *avec un mouvement de joie très marqué.*

Adolphe!..

ADOLPHE.

Chère Pauline!

PAULINE.

Non... non... ce n'est pas lui !... ils l'ont assassiné !

ADOLPHE.

Rassurez-vous, mon amie, une blessure légère...

PAULINE.

L'aurais-tu défendu, toi?... tu parais blessé!

SIRVEN, *avec effroi.*

Que dit-elle ?

THÉRÈSE.

O mon Dieu!

ADOLPHE, *avec douleur.*

Elle ne me reconnaît plus!

MAD. LASALLE, *à part.*

Malheureuse enfant!

SIRVEN.

Pauline, prends pitié de ma douleur!.. crains-tu donc de me nommer ton père ?

PAULINE.

Qui parle de mon père ?... je n'en ai plus!

THÉRÈSE, *pleurant.*

Ma sœur, tu nous fais bien de la peine!

PAULINE, *lui prenant la main.*

Écoute... tu parais bonne, toi... je ne te connais pas, mais je suis sûre que tu plaindras la pauvre Pauline.

SIRVEN.

Ah! grand Dieu! quel nouveau coup vient me frapper encore!... ma fille! cet événement affreux a troublé sa raison!

PAULINE, *désignant Sirven.*

Il pleure aussi, lui.... Pourquoi?... je ne suis plus malheureuse; j'ai cessé de souffrir!

ADOLPHE.

Mon cœur est déchiré.

LASALLE, *à part.*

Qui sauvera maintenant l'infortuné Sirven ?

PAULINE.

Non!... je n'ai plus besoin de consolation! Mais mon père!.. (*S'adressant à Sirven.*) Va le trouver : dis-lui que sa fille l'a toujours aimé avec la plus vive tendresse, et, qu'à présent, il est encore le premier objet de ses affections.

SIRVEN.

Ma chère Pauline!

PAULINE.

Promets-moi de le lui dire... Il est bien à plaindre!... sans doute, il se reproche ma mort.

SIRVEN.

Ta mort!

PAULINE.

Dis-lui qu'il ne regrette rien... j'avais mérité sa colère.

THÉRÈSE.

Ma sœur!

MAD. LASALLE.

Qu'entends-je ?

PAULINE.

J'aimais depuis long-temps, et je lui en avais fait un mystère !... Ah ! j'en ai été cruellement punie !

LASALLE.

Quels discours !

PAULINE.

Je crois voir encore la fureur de mon père.... il prononce ces mots terribles !... Adolphe s'éloigne.... et moi, je reste seule.... seule !... tout le monde m'abandonne !... Je pars... une chaise de poste... on arrête.... j'entends le bruit des flots... la rivière est là.... Qui me saisit ?..... qui m'entraîne ?... Mon père !...

SIRVEN.

Elle se rappelle....

ADOLPHE.

Je frémis de l'entendre !

PAULINE.

Écoutez... ce sont des cris de joie !.... ce sont des instruments... on chante ; on est heureux !.... et moi.... Fuyons !... J'entends le bruit des armes !.... on me poursuit !.... je m'écrie : Mon père !.... mon père !.... Prières inutiles... il fallait mourir !...

LASALLE, *à part.*

Quel affreux soupçon sa folie peut faire naître contre Sirven !

THÉRÈSE.

Mais, Pauline, penses-tu ?

PAULINE.

Oui, la mort m'attendait... et c'est mon père, lui-même, qui m'a conduite !..

Elle retombe dans le plus grand accablement.

SIRVEN.

Ah ! c'en est trop !... elle semble m'accuser de sa mort !.. ce malheur manquait à mon affreux destin.

THÉRÈSE.

Mon père !...

ADOLPHE.

M. Sirven, ne croyez pas....

SIRVEN.

Pauline ! ma Pauline !.. Ah ! le ciel est bien cruel de permettre que tu accables ainsi ton malheureux père !

LASALLE.

Sirven, ne vous abandonnez pas au désespoir. Dans son délire, elle confond tout ; les époques, les circonstances ; mais elle est loin, sans doute, de vouloir vous accuser. Que font d'ailleurs ces faux aveux échappés à un esprit aliéné ? ils ne prouvent rien contre vous, et vous n'en êtes pas moins respectable à mes yeux.

SIRVEN.

Eh ! Monsieur, la méchanceté des hommes s'emparera de ces détails mensongers ; la calomnie les envenimera, et bientôt j'entendrai dire partout : Pauline accuse son père !.. Sirven a causé le désespoir de sa fille !... Ah ! cette affreuse idée m'anéantit !

LASALLE, *à part.*

Et M. de Voltaire, qui n'est pas de retour !

THÉRÈSE.

Mon père, consentez à vous éloigner !

LASALLE.

Oui, venez, Sirven ?

SIRVEN.

Moi ! que je...

LASALLE.

Il le faut, mon ami... Profitons de l'accablement dans lequel elle est plongée, pour la laisser un instant à elle-même... soyez sans inquiétude, Mme. Lasalle ne la quittera pas ; venez, mon ami.

SIRVEN.

Non, ou du moins, avant de m'en séparer. (*Il s'approche de sa fille.*) Pauline ! chère Pauline ! ne reconnais-tu pas ton père ?.. sa voix n'arrive-t-elle plus jusqu'à ton cœur ?.. comme elle me regarde !.. elle semble se rappeler !.. Pauline !.. chère enfant ! j'embrasse tes genoux !

PAULINE, *d'une voix sourde.*

Laisse-moi !.. tu redemandes Pauline... tu ne la verras plus !

LASALLE.

Venez, Sirven !

SIRVEN, *d'une voix faible.*

Hélas ! il n'est plus d'espérance !

Thérèse, Adolphe et Lasalle l'entraînent dans la salle à gauche.

SCENE V.

PAULINE, Mme. LASALLE.

Mme. LASALLE.

Malheureux Sirven !... dans quelle horrible situation !.. sa fille elle-même peut assurer sa perte !... et cette pauvre Pauline !.. comme elle est abattue !... quel égarement !

Pauline promène autour d'elle des regards surpris.

PAULINE.

Où suis-je donc ?.. quand je desirais la mort, je me disais toujours : Je reverrai ma mère !... pourquoi ne l'ai-je pas encore vue... ne suis-je pas au séjour céleste qu'elle habite pour prix de ses vertus ? (*Elle se lève et fait quelques pas.*) Ma mère !.. où es-tu ? où es-tu ?

Mme. LASALLE.

Malheureuse enfant !

PAULINE, *apercevant Mme. Lasalle, qui s'est détournée pour cacher ses larmes.*

Que vois-je ?.. une femme près de moi !... elle pleure... elle veut cacher ses larmes !... (*Mme. Lasalle la regarde.*) Quelle bonté dans ses traits !..

comme elle me sourit avec douceur ! elle m'appelle !.. elle m'ouvre ses bras !.. si c'était !.. oui, c'est toi, c'est toi, ma mère !

Elle se jette dans les br[illegible] de Mme. Lasalle.

Mme. LASALLE, *avec attendrissement.*

Chère Pauline !

PAULINE.

Nous sommes donc enfin réunies !.. il y a bien long-temps que je le desirais !.. j'ai toujours eu à souffrir sur la terre... mais quand tu étais là, tu m'aidais à supporter mes maux... en te perdant, j'avais tout perdu ; je te retrouve, et mes peines sont oubliées !

Mme. LASALLE, *à part.*

Profitons de l'émotion que lui cause cette idée, pour voir si elle persistera... (*Haut.*) Pauline ?

PAULINE.

Ma mère ?

Mme. LASALLE.

Écoute-moi : tu as toujours fait le bonheur de ta famille, comme elle a fait le tien.

PAULINE, *soupire, et dit après un moment de silence.*

Mon bonheur !

Mme. LASALLE.

Réponds-moi. (*A part.*) Elle paraît revenir à elle !..

PAULINE.

Prends garde !.. mon père est peut-être là !

Mme. LASALLE.

Ton père !.. et que peux-tu redouter de lui ?

PAULINE.

Oh ! c'est qu'il ignore... tu sais ?.. je te l'avais promis... il m'en a bien coûté, mais j'ai tenu mon serment.

Mme. LASALLE.

Sirven est si bon !

PAULINE.

Oh ! oui.

Mme. LASALLE.

Rappelle-toi les soins qu'il a pris de ton enfance, les marques de tendresse qu'il t'a données, les caresses qu'il se plaisait à te prodiguer... ta sœur et toi, étiez l'objet de toutes ses pensées ; il ne s'occupait que des moyens d'assurer votre bonheur !.. et cependant, Pauline, c'est toi qui fais couler ses larmes ; c'est toi qui, par d'injustes reproches, déchires ce cœur paternel !... je t'en conjure ! éloigne ces sombres idées qui égarent ta raison... viens, viens dans les bras de ton père, et par tes embrassemens dissipe ta douleur.

PAULINE.

Il ne me pardonnera jamais !.. c'est mon amour pour Adolphe qui l'a irrité contre moi !.. tu le blâmais aussi, et pourtant tu n'as pas dit comme mon père... prends garde qu'il ne nous écoute !

Mme. LASALLE.

Je frémis!

PAULINE.

Mon père a dit, il me semble que je l'entends encore! (*D'une voix sourde.*) « Plutôt la mort de ma fille que cette union! »

Mad. LASALLE *à part.*

Grands Dieux! encore cette horrible accusation!

PAULINE.

Alors, ma mère... l'espoir a fui loin de moi!... (*D'une voix presque éteinte.*) Pauline a été poursuivie... persécutée... anéantie! Pauline est morte!

Elle tombe sans mouvement; Mad. Lasalle la reçoit dans ses bras.

Mad. LASALLE.

Grand Dieu!... à moi!... à moi!...

SCENE VI.

Les Mêmes, THÉRÈSE, Domestiques; ensuite VOLTAIRE et THIBAUT.

THÉRÈSE, *accourant.*

Ma sœur!... elle n'est plus!

Mad. LASALLE,

Ses forces seules sont épuisées.... une crise violente....

THIBAUT, *entrant par le fond avec Voltaire.*

Oui, M. de Voltaire, elle est sauvée; c'est sûr.

VOLTAIRE *entrant vivement.*

Est-il possible! (*Apercevant Pauline dans les bras de Madame Lasalle et de Thérèse.*) C'est elle!

THIBAUT.

O mon Dieu!

Mad. LASALLE.

Rassurez-vous!... J'espère que ses jours ne sont point en danger.... mais sa faiblesse est si grande!...(*Aux domestiques.*) Transportez-la dans mon appartement... Donnez-lui tous les soins que vous prodigueriez à ma fille, à mon enfant chéri! (*A Thérèse.*) Surtout, Thérèse, que personne ne l'approche.

VOLTAIRE *à part.*

Ah! puisse-t-on la sauver! Il y va de la vie de son père!

Mad. LASALLE.

Allez, je vous rejoins.

Thibaut aide Thérèse. Les domestiques enlèvent Pauline dans leurs bras, et l'emportent du côté opposé à celui par lequel Sirven et Lasalle sont rentrés... Voltaire la suit des yeux avec le plus grand intérêt.

salle sont rentrés... Voltaire la

SCENE VII.

VOLTAIRE, Mad. LASALLE.

VOLTAIRE.

Les discours de Thibaut avaient fait renaître mes espérances ; la vue de Pauline vient de les détruire.

Mad. LASALLE, *pleurant.*

Ah ! M. de Voltaire ! cette pauvre enfant !...

VOLTAIRE.

Achevez !

Mad. LASALLE.

Nous conserverons ses jours ; tout me l'assure.

VOLTAIRE.

Se peut-il ?

Mad. LASALLE.

Mais, hélas ! son esprit est totalement aliéné !

VOLTAIRE.

La malheureuse !

Mad. LASALLE.

Et sa folie...

VOLTAIRE.

Sa folie !...

Mad. LASALLE.

Peut avoir les résultats les plus affreux !

VOLTAIRE.

Comment ?

Mad. LASALLE.

Apprenez que dans son délire....

VOLTAIRE.

Eh bien ?

Mad. LASALLE.

Elle accuse de sa mort ?

VOLTAIRE.

Qui ?

Mad. LASALLE.

Son père !

VOLTAIRE, *atteré.*

Son père ! ô mon Dieu !

Mad. LASALLE.

Vous dirai-je tout, enfin ? Ses aveux ont effraye, même Sirven, qui sans doute est bien loin d'en prévoir les suites funestes.... Tous ses discours semblent se rattacher à cette odieuse inculpation ; les détails qu'elle donne ont le caractère de la vérité. On dirait même, que dans ces moments sa tête est moins égarée... ses phrases se suivent.... on y trouve un sens qui pourrait faire soupçonner.... Ah ! sans doute elle confond les événemens, et son imagination frappée lui fait rejeter sur son père un crime dont il est incapable !... Sirven, l'honnête Sirven !... M. de Voltaire, cela est impossible !

VOLTAIRE, *rêveur.*

Oui... cela est impossible ! Madame, veuillez me laisser un moment. J'ai mandé ici Brémont; malgré le mépris qu'il m'inspire, je veux encore parler à cet homme; je lui ai même fait dire que je l'attendais chez vous.

Mad. LASALLE.

Pensez-vous qu'il consente ?

VOLTAIRE.

Plus les gens de cette espèce commettent d'injustices, et plus ils font d'efforts pour nous faire croire à leur probité... il n'osera pas me refuser. Je veux voir aussi le père de Pauline; dans un instant, priez-le de venir me parler.

Mad. LASALLE, *à part.*

Comme il paraît rêveur ! Quand je lui ai dit que Pauline accusait son son père, ses traits se sont altérés !

VOLTAIRE, *sortant de sa rêverie et la voyant encore.*

De grâce, Madame !...

Mad. LASALLE.

M. de Voltaire, est-ce que vous douteriez ?

VOLTAIRE, *avec force.*

Du crime d'un père accusé d'avoir médité la perte de son enfant !... Oui, Madame... Soyez tranquille pour l'honneur de Sirven comme pour le mien, je crois à son innocence, je saurai la défendre, et ses oppresseurs pâliront devant le flambeau de la vérité.

Mad. LASALLE.

Ah ! M. de Voltaire, qui pourrait ne pas vous admirer !

Elle sort.

SCENE VIII.

VOLTAIRE.

Le péril est imminent !... déjà l'opinion publique se prononce contre Sirven. L'ordre fatal est expédié ! bientôt, arraché des bras de sa famille, il sera conduit à Toulouse où le supplice le plus affreux !... Eh ! bien, Voltaire, tes efforts n'ont pu, jusqu'ici, que rendre la paix à la famille du malheureux Calas; fais plus aujourd'hui : défends un accusé, confonds ses délateurs, et force la justice à retenir dans ses mains un glaive qui ne doit atteindre que le crime, mais qui frapperait l'innocence !... Voltaire, sauve Sirven et sa famille !

UN VALET.

M. de Brémont.

VOLTAIRE, *vivement.*

Qu'il entre.

SCENE IX.

VOLTAIRE, BRÉMONT, ensuite ADOLPHE.

BRÉMONT, *le saluant avec respect.*

M. de Voltaire...

VOLTAIRE.

Je vous attendais, Monsieur...

ADOLPHE, *sortant de l'appartement où l'on a conduit Sirven.*

M. de Brémont !... Il ose !...

BRÉMONT, *sans voir Adolphe.*

Je ne croyais pas reparaître devant vous. J'aurais pu même vous refuser les notes que j'ai recueillies sur la fin déplorable de Mademoiselle Sirven, mais j'ai dû croire que le desir de vous éclairer, avait pu vous porter seul, à me les demander, et je n'ai pas voulu que vous fussiez en droit de m'adresser aucun reproche à ce sujet. Les préventions qu'on a su vous inspirer contre moi, vont céder à la force des preuves terribles qui accablent Sirven.

ADOLPHE *à part.*

Quel est donc son projet?

VOLTAIRE.

Je vous l'ai dit, Monsieur, je ne tenterai jamais de dérober un coupable à la justice; c'est trahir la société, c'est protéger le crime que de le laisser impuni. Mais pour me faire perdre l'idée que j'ai conçue de Sirven, il faut que les plus fortes preuves....

BRÉMONT.

Vous serez satisfait. Je vous apporte les renseignemens que vous m'avez demandés.

VOLTAIRE, *avec mépris.*

Je vous remercie, Monsieur, donnez-les moi.

BRÉMONT, *les tirant de sa poche.*

Les voici (*Il les présente à Voltaire*).

ADOLPHE *s'en emparant vivement.*

Il ne vous manquait plus que ce trait de perfidie.

VOLTAIRE et BRÉMONT.

Adolphe!

ADOLPHE *avec indignation.*

Avoir la cruauté de mendier aux ennemis d'un malheureux des notes infâmes contre lui!.... s'en servir pour lui enlever l'unique appui qui lui reste!... s'abaisser à jouer le rôle d'un vil délateur pour satisfaire un injuste ressentiment!... Ah! si je n'avais rompu avec vous toute liaison, en ce moment je m'y déciderais pour la vie.

BRÉMONT.

Monsieur!...

ADOLPHE.

M. de Brémont, si les amis de Sirven allaient solliciter aussi des renseignemens contre vous!... Si, perfides comme vous, ils épiaient toutes les actions de votre vie, croyez-vous qu'à leur tour ils ne trouveraient pas les moyens de vous accuser? Êtes-vous donc tellement irréprochable qu'aucun trait ne puisse vous atteindre?... Vous répétez une menace échappée à Sirven dans un moment de colère!... Me faudra-t-il aussi répéter les vôtres? N'ai-je pas, ainsi que vous, le droit de tout soupçonner?.... Quels étaient les misérables qui poursuivaient Pauline?... Qui a dirigé contre moi ce coup de feu à l'instant où je voulais la défendre?... Vous vous troublez!... Croyez-moi, Monsieur, quand notre cœur ne nous dit pas : ta conduite est pure, n'accusons pas les autres, ou craignons les éternels remords d'une conscience déchirée.

BRÉMONT.

Adolphe, remettez-moi ces papiers.

ADOLPHE.

Non!.... vous n'en ferez point usage.... et si la justice demande quel est l'audacieux qui a pu anéantir ce tissu de mensonges, vous lui direz que c'est moi.

Il va les déchirer.

VOLTAIRE *l'arrêtant.*

Arrêtez, Adolphe! ces renseignemens me sont nécessaires. Quelquefois les méchans qui veulent accabler un malheureux s'accusent eux-mêmes en le dénonçant; souvent ils donnent, sans le vouloir, des armes pour les combattre. Confiez-moi ces papiers. Si le père de Pauline est coupable, M. de Brémont n'aura déployé qu'un zèle peut-être trop ardent; mais si, comme je l'espère, Sirven est innocent, ces notes feront la honte et le supplice de ses infâmes délateurs!

ADOLPHE.

Les voici, Monsieur.

BRÉMONT *avec froideur.*

Je vois qu'ici le sentiment de l'innocence de Sirven l'emportera sur tout autre. Me confiant trop dans l'impartialité de M. de Voltaire, j'ai cru devoir lui remettre les notes qu'il m'avait demandées. Je pensais qu'en tout état de cause, entre les mains d'un homme sage, elles seraient nulles ou utiles, selon que les preuves viendraient les fortifier ou les détruire. Je me suis trompé. On ne les a obtenues que pour prévenir l'interrogatoire, que pour préparer les réponses, que pour éluder, s'il est possible, l'action de la justice; mais on l'espère en vain, et bientôt on connaîtra qu'il est facile d'outrager un homme, mais qu'avant tout on aurait dû calculer les dangers d'une vengeance éclatante! *Il sort.*

SCENE X.

VOLTAIRE, ADOLPHE.

ADOLPHE.

Eh! que pouvons-nous craindre?

VOLTAIRE.

Tout : l'opinion publique, le délire de Pauline, ses aveux, et les présomptions qui accablent Sirven.

ADOLPHE.

Quoi! vous croyez, Monsieur?...

VOLTAIRE.

Je crois que Brémont va se hâter de faire arrêter Sirven, et qu'une fois dans un cachot, peut-être n'en sortira-t-il que pour marcher au supplice!

ADOLPHE.

Ah! Monsieur, ce doute, dans votre bouche, suffit pour m'instruire des dangers de Sirven! Je ne le vois que trop : sa perte est jurée!... Eh bien! qu'il fuie!... qu'il quitte la France!... je ne l'abandonnerai pas; je le suivrai partout.

VOLTAIRE.

Bien, jeune homme!... Si de nouveaux dangers menaçaient la vie ou la liberté de Sirven, il trouvera dans ce portefeuille la somme nécessaire pour échapper promptement aux poursuites de la calomnie.

ADOLPHE, *prenant le portefeuille.*

J'y cours, M. de Voltaire, j'y cours!... et, dussé-je défendre Sirven contre ses assassins, je saurai le soustraire à leur rage! (*Apercevant Sirven qui entre en ce moment.*) Sirven! Sirven, soyez tranquille, nous vous sauverons.

Il sort en toute hâte, et laisse Sirven surpris de sa vivacité.

SCÈNE XI.

VOLTAIRE, SIRVEN.

SIRVEN *avec surprise.*

Que veut-il dire?.... Nous vous sauverons!.... Ah! que l'on sauve ma fille, et je donne tout, ma liberté, ma vie!

VOLTAIRE, *après l'avoir regardé attentivement.*

Approchez, Sirven.... je vous ai fait demander un moment d'entretien; et, sans doute, vous en soupçonnez le motif.

SIRVEN.

Je l'ignore, Monsieur.

VOLTAIRE.

Il m'en coûte de vous le dire; mais je me fie à votre courage... Mon ami, une accusation terrible va peser sur vous!

SIRVEN, *avec calme.*

Une accusation!... sur moi!... quelle qu'elle soit, je ne la crains pas.

VOLTAIRE.

Il existe contre vous des charges presque accablantes! on vous accuse du plus épouvantable de tous les crimes! d'une action qui révolte la nature, et que ne commettent pas même les monstres les plus sauvages! on vous accuse enfin du crime imputé à Calas, et qui l'a conduit à l'échafaud!

SIRVEN, *saisi d'horreur.*

Moi!... grand Dieu!... ô ma fille!... que ne peux-tu me justifier!... mais, hélas!... et toi aussi tu sembles accuser ton malheureux père.

VOLTAIRE.

Vos ennemis ignorant les aveux de Pauline; mais ils réunissent tant de présomptions, tant de preuves.

SIRVEN.

Des preuves... des preuves...

VOLTAIRE.

Écoutez-moi : vous avez obligé Pauline à quitter la ferme.

SIRVEN.

C'est vrai.

VOLTAIRE.

Vous avez caché son départ à tout le monde?

SIRVEN.

Il le fallait. Je redoutais pour elle les poursuites de M. de Brémont. Je craignais aussi le désespoir d'Adolphe.

VOLTAIRE.

Que fîtes-vous pour éloigner Pauline? (*Avec intention.*) Sans doute, vous vous êtes servi d'une des voitures de votre ferme?

SIRVEN.

Non, Monsieur, d'une chaise de poste.

VOLTAIRE, *à part, avec joie.*

Il n'en impose pas. (*Haut.*) Et cette chaise de poste?

SIRVEN.

Est venue à huit heures prendre Pauline à la ferme.

VOLTAIRE, *consultant le papier.*

C'est cela.

SIRVEN, *continuant.*

Elle l'a conduite à Brassac, où elle s'est arrêtée, selon mon ordre, à la pointe du bois de St.-Julien, et près des rives de la Torre..

VOLTAIRE.

Continuez.

SIRVEN.

Je devais y monter et profiter de la nuit pour conduire ma fille à Alby... Vous me fîtes changer de résolution, je fus chercher Pauline, et je renvoyai la voiture.

VOLTAIRE.

Cependant vous êtes rentré seul à la métairie; les domestiques vous ont vu vous diriger vers le jardin, et après le malheur de votre fille, la petite porte fut trouvée ouverte.

SIRVEN.

Je voulais faire entrer Pauline sans que personne l'aperçût; elle devait me rejoindre à cette petite porte, et j'avais été la lui ouvrir.

VOLTAIRE, *à part.*

Chacune de ses réponses accroît mon estime pour lui! Que l'accent de la vérité est facile à reconnaître. (*Haut.*) Enfin, Sirven, où étiez-vous quand Pauline a été précipitée dans les flots?

Sirven couvre sa figure de ses mains; Voltaire s'en inquiète.

SIRVEN.

Pardonnez, ce souvenir affreux !... j'étais à l'entrée du jardin... inquiet de ne pas l'y voir, je l'appelai... Au même instant, j'entendis le bruit d'une arme à feu !... Des cris parviurent jusqu'à moi... Je reconnus sa voix... j'accourus mais il n'était plus temps... je ne la retrouvai qu'ici, en proie aux angoises de la mort, au délire le plus épouvantable !

VOLTAIRE.

Avez-vous dit, Sirven, en présence d'Adolphe et d'un de ses valets : « Plutôt la mort de ma fille que de la voir unie à la famille de Brémont » ?

SIRVEN.

Je l'ai dit.

VOLTAIRE.

Eh bien ! mon ami, toutes les questions que je viens de vous adresser sont la base des dépositions qui ont été faites contre vous ; on va jusqu'à dire que le chagrin, la mélancolie de votre fille ne datent que de la perte de sa mère !... que vos mauvais traitemens pour Pauline, votre préférence pour Thérèse...

SIRVEN, *vivement.*

Ah ! ne répétez pas ces infâmes discours, monsieur ; dans la bouche d'un autre, ils me feraient pitié ; dans la vôtre ils me font mal !... Je jure devant Dieu que je suis innocent ; je jure devant les hommes qu'il n'en est pas un seul dont la vie, comme citoyen, comme père, soit plus irréprochable.

VOLTAIRE *lui tendant les bras.*

Sirven ! viens, viens, brave homme !... va, je te défendrai ! ta cause est trop belle pour que je la laisse échapper !.. Mais il faut d'abord te dérober à la persécution... Tu vas quitter ces lieux.

SIRVEN.

Fuir !...

VOLTAIRE.

Il le faut !... Mais je reste, et tu peux me confier le soin de ton honneur. Adolphe s'est chargé de tout préparer, il t'accompagnera ; moi, je vais plaider ta cause... et j'irai, si l'on m'y force, jusqu'au pied du trône faire entendre le cri de l'innocence et de la vérité ! Pars aujourd'hui même ; et, quelque soit ton sort, rappelle-toi que tu trouveras toujours à Ferney un azile et un véritable ami !

SIRVEN.

Ah ! M. de Voltaire !... ma reconnaissance...

VOLTAIRE.

C'est assez... Hâte-toi.

Cris, bruit, tumulte.

SCÈNE XII.

Les mêmes, THÉRÈSE, THIBAUT.

THIBAUT, *appelant au fond.*

Pauline ! mademoiselle Pauline !

SIRVEN.

On cherche ma fille!

THÉRÈSE, *entrant par la porte à droite.*

Nous l'avions quittée un instant, dans la crainte de troubler son repos; elle en a profité pour s'échapper.

SIRVEN.

Grand Dieu!... si dans quelque nouvel accès...

VOLTAIRE.

Courez, courez tous.

Au moment où ils vont pour sortir, Pauline entre égarée et dans le plus grand désordre. Lasalle et madame Lasalle et plusieurs domestiques la suivent.

SCÈNE XIII.

VOLTAIRE, SIRVEN, PAULINE, M. LASALLE, Mad. LASALLE, THÉRÈSE, THIBAUT, Domestiques.

TOUS.

La voilà!

PAULINE *tombant aux pieds de Voltaire.*

Ce sont eux!... ils me poursuivent encore!... Sauvez-moi!... sauvez-moi!

VOLTAIRE.

Rassurez-vous, mon enfant.

SIRVEN.

Dans quel état horrible!

THÉRÈSE.

Mon père, ne paraissez point à ses regards.

SIRVEN.

Affreuse précaution!

VOLTAIRE *l'aidant à se soulever, et lui avançant un siége.*

Pauline, calmez vos craintes, vous ne courez aucun danger.

PAULINE.

Je ne les vois plus... Ah! cette fois, du moins, tu es venu à mon secours!... Mais, l'autre jour, tout le monde m'avait abandonnée!

VOLTAIRE.

Éloignez-vous, Sirven.

PAULINE *réfléchissant.*

Sirven, dis-tu!... Est-ce que tu le connais?... C'est mon père, mon bon père!...

SIRVEN *à Lasalle.*

Un moment encore, et je vous suis, monsieur.

PAULINE.

Hélas! je ne le verrai plus!... Sa fille devait être l'appui, la consolation de sa vieillesse!... elle est perdue pour lui!... O mon père, pardonne-moi du moins les pleurs que je t'ai coûtés!

Elle se laisse tomber sur ses deux genoux. Voltaire fait signe à Sirven de se contenir.

PAULINE.

Il ne m'entend pas!... Il me repousse!... Infortunée Pauline!...

Elle cache sa figure dans ses mains, et verse des pleurs.

VOLTAIRE *passant à Sirven.*

Des larmes s'échappent de ses yeux... L'instant est favorable! Sortez, sortez tous... Sirven, songe à ta promesse... Lasalle, prévenez-moi aussitôt qu'Adolphe sera de retour, et veillez bien sur ce malheureux père!

SIRVEN.

Mes enfans, il faut donc me séparer de vous!

THÉRÈSE.

Mon père, songeons d'abord à vous sauver.

SIRVEN.

Je m'éloigne; je vous obéis, M. de Voltaire; veillez sur mes enfans, sur ma Pauline!

VOLTAIRE.

Partez; je ne veux que la rendre à votre amour.

Rassuré par cette promesse, Sirven s'éloigne avec courage. Lasalle et Thérèse le suivent. Pauline est toujours accablée. Dans ce moment, Brémont et plusieurs cavaliers de maréchaussée descendent la côline au fond du théâtre; ils ne sont pas aperçus.

SCENE XIV.

VOLTAIRE, PAULINE.

VOLTAIRE, *au fond, et regardant Pauline.*

Quelquefois c'est une crise de la nature qui nous jette dans cette situation douloureuse; une circonstance aussi forte peut nous en tirer. Essayons, Pauline...

Elle tressaille en entendant son nom, prend la main que lui tend Voltaire pour l'aider à se relever, et reste quelque temps immobile, et comme plongée dans une profonde rêverie.

VOLTAIRE *continuant.*

Pauline, les peines que tu as éprouvées se retracent-elles maintenant à ton souvenir?

PAULINE.

Oui, oui... je me rappelle... j'ai bien souffert!... et à présent encore, ma tête... comme elle est brûlante!...

VOLTAIRE.

Et ton père!... crois-tu donc qu'il ne souffre pas autant que toi? (*Pauline le regarde et se tait. Voltaire continue en appuyant sur chaque mot.*) En ce moment, Pauline, Sirven est bien malheureux!

PAULINE, *comme cherchant à fixer ses idées.*

Sirven.... malheureux.... Oui, des méchans!.... Mais qui donc ose le persécuter encore?

VOLTAIRE, *avec force.*

Qui ?... C'est sa fille !

PAULINE, *avec surprise.*

Sa fille !...

VOLTAIRE.

Oui, c'est Pauline, cette Pauline qu'il chérissait avec tant de tendresse, au bonheur de laquelle il avait tout sacrifié !... C'est elle qui le réduit au désespoir ! elle pouvait adoucir ses chagrins en les confiant à son père elle ne ne l'a vas voulu... trop faible pour résister seule aux tourments que déchiraient son cœur, elle a osé concevoir, exécuter, même le plus horrible projet ! le croirais-tu ?... Cette ingrate Pauline, sans pitié pour son respectable père, a tenté de se donner la mort.

PAULINE.

Que dit-il ?

VOLTAIRE, *avec chaleur.*

Ah ! malheur aux enfants ingrats ! un Dieu juste doit faire retomber sur leurs têtes tous les maux qu'ils causent à leur père !

PAULINE.

Épargne-moi !

VOLTAIRE.

Déjà cet arrêt terrible est accompli !... on a sauvé les jours de Pauline ; mais poursuivie par la vengeance céleste, privée de sa raison, plongée dans un délire affreux ; elle vient de se réunir aux ennemis de Sirven ; elle vient d'accuser son père.

PAULINE, *avec terreur.*

Accuser son père !...

VOLTAIRE.

Frémis des suites d'un égarement si déplorable ! les aveux de Pauline sont parvenus jusqu'aux magistrats, et Sirven arrêté...

PAULINE.

Arrêté !...

VOLTAIRE.

Chargé d'indignes fers, a été plongé dans un cachot, d'où il n'est sorti que pour monter en ce moment à l'échafaud où sa tête va tomber !

PAULINE, *toujours plus effrayée.*

Sa tête !

VOLTAIRE.

Viens, je veux que tu le voyes marcher au supplice !... Déjà les bourreaux l'attendent... d'impitoyables soldats l'entraînent, et le glaive est près de le frapper !... Viens tu verras des larmes dans tous les yeux tu entendras ses ennemis. même, plaindre sa destinée ; et mille voix confuses s'écrieront autour de toi : C'est Pauline qui donne une mort infamante au malheureux Sirven !

PAULINE, *avec un cri déchirant.*

Pauline !... Sirven !... Ah ! qu'ai-je fait ?

SCENE XV.

Les Mêmes, THIBAUT, SIRVEN, THÉRÈSE, LASALLE, Mad. LASALLE, ADOLPHE, BRÉMONT, GERMAIN, Gardes, Paysans, Paysannes, Valets, etc.

Mad. LASALLE.

Ah! M. de Voltaire!... On le saisit, on l'entraîne!... il est perdu.

PAULINE.

Mon père!... mon père!...

VOLTAIRE.

L'infortuné!

ADOLPHE, *entrant au fond, et défendant Sirven que les gardes veulent entraîner.*

Vous ne nous séparerez pas, ou vous me donnerez la mort!

PAULINE, *apercevant Sirven et courant dans ses bras.*

Ah! le voilà!... mon père!...

SIRVEN.

Ma fille!

TOUS.

Elle le reconnaît!

PAULINE.

Non, tu ne mourras point!

BRÉMONT, *avec effroi.*

Pauline!

PAULINE, *ramenant son père sur le devant de la scène.*

Toi, l'assassin de ta fille!... toi, mon père, mon bon père!... (*Allant à tout le monde.*) Ne le croyez pas! ne le croyez pas!... c'est moi, moi seule qui, poursuivie pas d'infâmes assassins!... (*En ce moment, elle aperçoit Germain qui cherche à se cacher parmi les gardes, et jette un cri d'horreur en disant :*) Le voilà! le voilà!

TOUS.

Germain!

PAULINE.

C'est lui qui m'a forcé à me précipiter dans les flots!

ADOLPHE, *se précipitant sur lui.*

Misérable! déclare ton crime!

GERMAIN.

Grâce! grâce!

VOLTAIRE.

Assurez-vous de lui.

BRÉMONT.

Que faites-vous? une telle accusation!...

VOLTAIRE.

Est irrécusable, Monsieur, le délire de Pauline a cessé; elle a reconnu son père; elle nous a fait connaître la vérité. M. de Brémont, je vais me rendre à Castres; je vais conduire Sirven aux pieds des magistrats; je prouverais son innocence, et je demanderai vengeance des colomniateurs.

DRÉMONT.

Vous m'y trouverez, Monsieur.

Il sort. Les gardes emmènent Germain.

SCÈNE DERNIÈRE.

SIRVEN, PAULINE, THÉRÈSE, VOLTAIRE, LASALLE, Mad. LASALLE, THIBAUT, Domestiques, Villageois, Villageoises, etc.

SIRVEN.

Ma fille, tu m'es enfin rendue!

THÉRÈSE.

Bonne sœur!

ADOLPHE.

Chère Pauline!

SIRVEN.

Adolphe, elle est à toi... je n'oublirai jamais ton généreux dévouement. Mes amis, voilà son sauveur, le mien, celui de tous les opprimés.

VOLTAIRE, *au milieu de la famille qui le presse et l'entoure.*

J'ai fait un peu de bien; c'est mon meilleur ouvrage!

Tableau général.

FIN.

On trouve, chez le même Libraire, généralement toutes les Pièces de Théâtre, tant anciennes que nouvelles.

PIÈCES NOUVELLES.

Le Bal bourgeois, Vaudeville en un acte; par M. de Rougemont. Prix :	1 fr.	25. c.
Le Prêté rendu, Vaudeville en un acte.	1 fr.	25
Le Banc de sable, Mélodrame en trois actes, mêlé de pantomime; par MM. Frédéric, Boirie et Merle.		75
Les Frères invisibles, Mélodrame en trois actes, à grand spectacle; par MM. Mélesville et ***.		75
Le Duel et le Baptême, Drame en trois actes; par MM. Mélesville, Merle et Boirie.		75
Madame Frontin, ou *les Deux Duègnes*, comédie en un acte, mêlée de vaudevilles; par MM. Brazier et ***.	1	25

Défauts constatés sur le document original

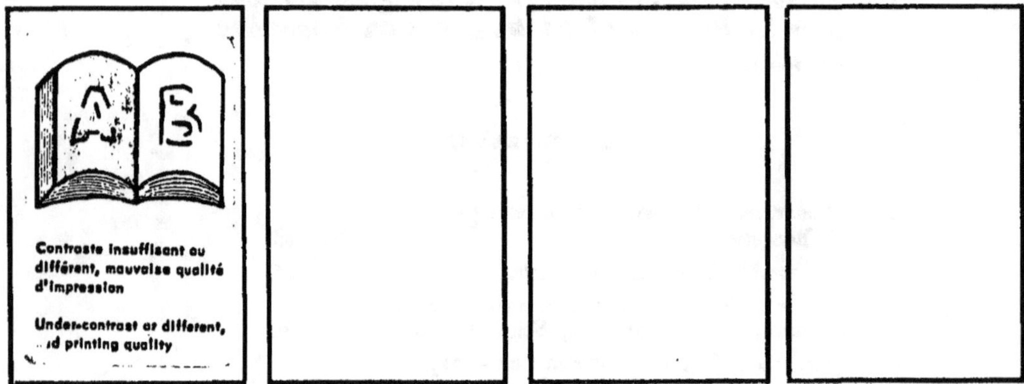

www.ingramcontent.com/pod-product-compliance
Lightning Source LLC
LaVergne TN
LVHW022014080426
835513LV00009B/726

* 9 7 8 2 0 1 2 1 8 1 7 7 9 *